1592년 9월 20일부터 1593년 2월 19일까지 10편의 장계
반적 국경인·국세필·정말수 참수, 길주·단천·백탑교 왜적 격파, 藩胡 격파,
이른바 북관대첩의 실상을 파악할 수 있는 공문서

농포 정문부 진사장계

農圃 鄭文孚 辰巳狀啓

鄭文孚 원저·申海鎮 역주

보고사
BOGOSA

머리말

　이 책은 농포(農圃) 정문부(鄭文孚, 1565~1624)가 전란을 맞아 1592년과 1593년 사이에 올린 장계(狀啓) 10편을 번역하였다. 이를 역주자가 임의로 '진사장계(辰巳狀啓)'라 이름하였다. 〈진사장계〉는 의병을 일으켜 경성(鏡城)의 왜적 격퇴, 반적(叛賊) 국경인(鞠景仁)·말수(末秀: 鄭末守)·국세필(鞠世弼) 등 참수, 길주(吉州)의 장평(長坪)과 임명(臨溟), 단천(端川), 백탑교(白塔郊) 등지에서의 왜적 격파, 그리고 번호(藩胡)의 격파, 군공(軍功) 마련, 과거 실시의 요청, 순영(巡營)에 보고한 첩문(牒文) 등을 내용으로 한다. 이 문건들은 유달리 이두(吏讀)가 많이 구사된 것도 특징이다.

　주지하듯, 국경인은 본시 전주(全州)에 살다가 죄를 지어 회령(會寧)으로 유배되었으며, 그 뒤에 회령부의 아전으로 들어가 재산을 모았으나 조정에 대해 원한이 많았던 인물이다. 1592년 임진왜란 때 왜장 가등청정(加藤清正)이 함경도로 침입하여 회령 가까이에 이르자, 국경인이 경성부의 아전으로 있던 작은아버지 국세필, 명천 아전 정말수(鄭末守) 등과 함께 부민(府民)을 선동, 반란을 일으켰다. 국성인 일당은 피난 온 임해군(臨海君)과 순화군(順和君) 두 왕자와 가족, 김귀영(金貴榮)과 황정욱(黃廷彧) 부자 등 재신(宰臣)들을 포박하여 가등청정에게 바치고 가등청정으로부터 벼슬을 얻어 반역 행위를 일삼았다. 이처럼 풍패지향(豊沛之鄉) 함경도가 난장판일 때, 정문부는 반적 도당을 처단하면서 함경도의 단순 부왜자(附倭者)들을 구제하여 의병에 합류시키거나 생업에 종사할 수 있게 하고 왜적들도 격파하는 등 의병활동을 한 것이다. 정6품의 북평사(北評事)라는 현직 하위 관리가 대장이 되어 고위 관리를 부하로 거느리는 기이한 형태로 구성되었던바, 정문부는 의병대장으로서 전투를 수행하고 북평사로서 순찰사에게보고하는 이원적 지위에 있었던 셈이다. 이에 따른 갈등으로 정문부와중호(重湖) 윤탁연(尹卓然, 1538~1594)이 서로 틀어진 관계는 익히 알려진 사실인데, 순영 첩보(巡營牒報)에서도 이를 언급하고 있다. 28세의패기만만한 의병장과 55세의 노장 함경감사 사이에 일어난 갈등에대해 졸역서 『중호 윤탁연 북관일기』(보고사, 2022)와 함께 여러 문헌및 관련 자료들을 통해 다각도에서 살펴볼 필요가 있다고 하겠다.

정문부는 한양 출신이다. 그의 본관은 해주(海州), 자는 자허(子虛), 호는 농포이다. 정희검(鄭希儉)의 증손자이고, 정언각(鄭彦慤, 1498~1556)의 손자이다. 아버지는 내자시 정(內資寺正) 정신(鄭愼, 1538~1604), 어머니는 장사랑 김흥례(金興禮)의 딸이다.

1585년 생원이 되고, 1588년 식년 문과에 급제하여 한성부 참군(參軍)이 되었다. 이듬해 홍문관 수찬을 거쳐 사간원정언 겸 중학교수(中學敎授)를 역임하고 1590년 사헌부 지평으로 지제교(知製敎)를 겸했으며, 1591년 함경북도 병마평사가 되어 북변의 진(鎭)들을 순찰하였다.

1592년 행영(行營)에 있을 때 임진왜란이 일어났는데, 그해 9월 왜장 가등청정이 함경북도에 침공했을 때 왜적이 쏜 총에 맞은 총상으로 도망쳐 경성(鏡城)의 유생인 지달원(池達源)의 집에 머무르고 있었다. 당시 회령에서 반란을 일으켰던 국경인과 국세필을 잡아 죽이고 왜적에게 빼앗겼던 여러 읍과 진을 수복했다. 이어 10월 말경 길주의 장평과 쌍포(雙浦)에서 왜군을 물리쳤고, 1593년 1월 야인(野人) 번호(蕃胡)를 격파하고, 2월 초에는 백탑교(百塔郊)에서 가등청정의 왜군을 대파해 관북 지역을 수복했다. 이것을 이른바 북관대첩(北關大捷)이라 하는 것이다. 1594년 영흥 부사가 된 뒤 온성 부사·길주 목사·안변 부사·공주 목사 등을 역임했다.

1599년 장례원 판결사가 되었으며 그해 중시 문과에 급제했다. 1600년 용양위(龍驤衛) 부호군, 이듬해 예조참판이 되었으나 임진왜란의 논공행상에는 제외되었다. 1610년 사은부사(謝恩副使)로 명나라에 다녀왔으며 1611년 남원 부사 등을 지냈다. 1623년 인조반정 후 전주 부윤이 되었다가, 1624년 10월 박래장(朴來章)의 역모사건에 연루되었다는 혐의를 받고 고문받다가 죽었다. 정문부는 사후에 경성(鏡城)의 창렬사(彰烈祠), 부령(富寧)의 청암사(靑巖祠), 진주(晉州)의 충의사(忠毅祠: 경상남도 문화재자료 제61호)에 배향되었고, 후일 숙종 때 그의 북관대첩을 기념하여 함경북도 길주에 북관대첩비가 세워졌다.

그의 문집 《농포집(農圃集)》은 사후 84년이 되는 해인 1708년 증손 정구(鄭構, 1664~1732)가 유문을 수집 편차하고 부록을 붙여 간행하였다. 현손 정상점(鄭相點, 1693~1767)이 1758년에 쓴 발문(跋文)에 의하면, 1708년 통제사 오중주(吳重周, 1654~1734)에게 부탁하여 목판으로 간행하였다고 하나, 이 초간본은 현존하지 않는다고 한다.

다시 50년이 지난 1758년 현손 정상점이 추각(追刻)하였다. 초간(初刊) 이후 충주(忠州) 허창(許昶)의 집에서 찾은 〈창의토왜유함경도열읍수재급사민격(倡義討倭諭咸鏡道列邑守宰及士民檄)〉, 1712년 민진후(閔鎭厚)가 지은 시장(諡狀), 1750년 민우수(閔遇洙)에게 부탁하여 받은 서문(序文), 1758년에 자신이 지은 발문(跋文)을 추각하려 했는데, 마침 오중주의 조카 오돌(吳琰)이 다시 통제사가 되자 그에게 부탁하여 판재(板材)와 조수(雕手)를 지원받아 추각하였으니, 목판본 문집 2권 2책을 갖추게 되었다.

그런데 이 책에 첨부한 필사본 이미지는 이 추각본과 비교한 결과, 추각본을 간행하기 위한 '필사정서본'으로 추정된다. 필사정서본의 권1 칠언율시 부분에 없던 〈차당장운(次唐將韻)〉이 추각본에 첨입되어 있고, 권1 끝난 뒷부분에 있던 정상점의 '지(識)'가 추각본에서는 권2 끝에 친필 발문으로 바뀌어 실려 있는 것 외에는 동일하였기 때문이다. 이 필사정서본은 국립중앙도서관 소장으로 청구기호가 古3648-70-69-1(2)이다.

장계(狀啓)는 지방에 있는 2품 이상 관원이 국왕에게 정무(政務)에 관한 내용을 아뢰는 공문이라고 하는바, 어떤 사안에 대해 논리적으로 자신의 의견을 개진하는 것이 아니라 최대한 정확하고 객관적으로 자신이 맡은 임무를 전달하는 목적이 있었다. 따라서 문서에 쓰는 문장은 문예미를 추구하기보다 내용의 객관적 전달에 치중하였다. 그런데 이 책에서 장계를 번역하며, 빈번히 구사된 연결어미로서 계속 이어진 이두를 어떻게 처리해야 할지가 난관이었다. 그 계속 구사된 이두를 살리면 전달하려는 내용의 요지가 정확하게 전달되지 않았기 때문이다. 하는 수 없이 역주자가 임의로 적정하다고 생각되는 곳을 끊어 번역하였음을 밝혀두는 바이다.

요컨대, 〈진사장계〉를 통해 정문부는 북병사의 막하에서 동북 6진을 순행하며 직무를 수행하던 중, 임진왜란을 맞아 7월 17일과 18일 해정창(海汀倉)에서 북병사 한극함(韓克誠)과 함께 전투를 치렀지만 패전장이 되어 피신하던 와중에 창의가 논의되어 상급 관리들 대신 의병장에 추대되었으며, 의병을 이끌고 전투를 수행하면서 큰 전공을 세웠으나 정6품 북평사라는 직책과 의병장의 역할 사이에서 함경감사와 불편한 관계가 조성되었음도 확인된다.

이로써 왜적에 대한 항전 태세에 있어서 기이한 형태의 의병활동으로 왜군과 맞서 싸울 수 있는 기틀을 마련하고 내전의 화를 면할 수 있었음을 목도하지만, 또한 그 이면에 잠재한 비극적 갈등의 실상도 다각도로 살펴보아야 할 것이다. 역사를 잊은 우리에게 미래는 없기 때문이다.

한결같이 하는 말이지만 나름대로 최선을 다하고자 했다. 그러함에도 불구하고 여전히 부족할 터이니 대방가의 질정을 청한다. 끝으로 편집을 맡아 수고해 주신 보고사 가족들의 노고와 따뜻한 마음에 심심한 고마움을 표한다.

2022년 12월 빛고을 용봉골에서
무등산을 바라보며 신해진

차례

• 번역과 원문

일러두기

이 책은 다음과 같은 요령으로 엮었다.

01. 번역은 직역을 원칙으로 하되, 가급적 원전의 뜻을 해치지 않는 범위 내에서 호흡을 간결하게 하고, 더러는 의역을 통해 자연스럽게 풀고자 했다. 다음의 자료가 참고되었다.
    • 『국역 농포집』, 해주정씨 송산종중(충의공파), 고려서적주식회사, 1999.

02. 원문은 저본을 충실히 옮기는 것을 위주로 하였으나, 활자로 옮길 수 없는 古體字는 今體字로 바꾸었다.

03. 원문표기는 띄어쓰기를 하고 句讀를 달되, 그 구두에는 쉼표(,), 마침표(.), 느낌표(!), 의문표(?), 홑따옴표(' '), 겹따옴표(" "), 가운데점(·) 등을 사용했다.

04. 주석은 원문에 번호를 붙이고 하단에 각주함을 원칙으로 했다. 독자들이 사전을 찾지 않고도 읽을 수 있도록 비교적 상세한 註를 달았다.

05. 주석 작업을 하면서 많은 문헌과 자료들을 참고하였으나 지면관계상 일일이 밝히지 않음을 양해바라며, 관계된 기관과 여러분께 진심으로 감사드린다.

06. 이 책에 사용한 주요 부호는 다음과 같다.

    (　　) : 同音同義 한자를 표기함.

    [　　] : 異音同義, 出典, 교정 등을 표기함.

    "　　" : 직접적인 대화를 나타냄.

    '　　' : 간단한 인용이나 재인용, 또는 강조나 간접화법을 나타냄.

    〈　　〉 : 편명, 작품명, 누락 부분의 보충 등을 나타냄.

    「　　」 : 시, 제문, 서간, 관문, 논문명 등을 나타냄.

    《　　》 : 문집, 작품집 등을 나타냄.

    『　　』 : 단행본, 논문집 등을 나타냄.

07. 이 책과 관련된 논문은 다음과 같다.

- 이장희, 「정문부의 의병활동」, 『사총』 21·22, 고대사학회, 1977 ; 『어문집』 2, 아주대학교, 1978.
- 이기동, 「정문부: 지방소외를 민족의식으로 승화시킨 문신 의병장」, 『광장』 156, 세계평화교수협의회, 1986.
- 박도식, 「북관대첩비에 보이는 함경도 의병의 활동」, 『인문학연구』 10, 관동대학교 인문과학연구소, 2006.
- 정태섭, 「북관대첩 관련 사료의 재검토로 본 정문부의 의병군의 인적구성」, 『명청사연구』 27, 명청사학회, 2007.
- 김만호, 「임진왜란기 일본군의 함경도 점령과 지역의 동향」, 진남대힉교 대학원 석사학위논문, 2008.
- 김만호, 「임진왜란기 일본군의 함경도 점령과 지역민의 동향」, 『역사학연구』 38, 호남사학회, 2010.
- 이영석, 「임진전쟁시 의병활동의 군사사학적 연구」, 충남대학교 대학원 박사학위논문, 2013.
- 박선이, 「임진왜란 시기 狀啓에 나타난 朝鮮式 한문 연구」, 고려대학교 대학원 석사학위논문, 2015.
- 박선이, 「朝鮮式 한문의 문체적 특징에 대한 소고: 임진왜란 시기 狀啓를 중심으로」, 『태동고전연구』 36, 한림대학교 태농고선연구소, 2016.
- 김재천, 「임진왜란 중 정문부와 윤탁연의 갈등 양상 연구」, 『동북아문화연구』 65, 농북아시아문화학회, 2020.
- 김재천, 「임진왜란 중 정문부의 이원적 지위」, 『동북아문화연구』 69, 동북아시아문화학회, 2021.

농포 정문부 진사장계

農圃 鄭文孚 辰巳狀啓

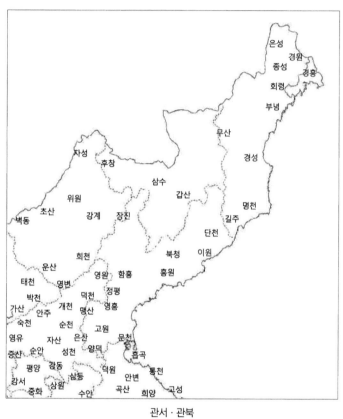

은성

경원

종성 경흥

회령

부녕

무산

경성

자성

후창

삼수

갑산

명천

위원

길주

초산 강계 장진

단천

벽동

북청 이원

희천

운산 영원 함흥 홍원

태천 영변

박천 덕천 정평

가산 개천 맹산 영흥

안주

숙천 순천

영유 고원

자산 은산 문천

증산 순안 성천 양덕

흡곡

평양 강동 덕원 통천

강서 삼등 안변

상원 고성

중화 수안 곡산 희양

관서 · 관북

01

대의를 내세워 의병을 일으켜
경성으로 들어가 지킨 뒤
왜적을 무찌르고 참수한 장계

철령(鐵嶺)이 함락되면서부터 서로(西路: 관서로 가는 길)가 막히고 끊겨서 미처 조정의 명을 듣지 못하고 있을 때, 도순찰사(都巡察使) 겸 관찰사(觀察使) 김명원(金命元)의 관자(關字: 공문서) 및 유지(有旨: 왕명서)가 길이 막혀 통하지 못하던 차에 경원 부사(慶源府使) 오응태(吳應台)·주을온 만호(朱乙溫萬戶) 이희당(李希唐)·옥련 만호(玉連萬戶) 안옥(安沃)·오촌 권관(吾村權管) 구황(具滉) 등이 덕만동(德萬洞) 촌사람에 의해 전달된 교서(敎書)를 가지고 왔습니다. 신(臣)이 삼가 유지(有旨)를 보고나서야 비로소 행재소가 아주 평안하고 7도(道)의 왜적들도 거의 다 무찔렀음을 알고서 감격해 울며 기쁜 심정을 가누지 못하니 망극하기만 하옵니다.

당초에 북쪽 지방의 일은 지난 6월 12일 철령의 군사들이 무너진 뒤로 남도(南道: 함경남도) 여러 고을의 군사와 백성들은 굳은 의지가 조금도 없어 풍문만 듣고 뿔뿔이 흩어져 달아나니, 적들이 승승장구하도록 하기에 이르렀습니다. 상락부원군(上洛府院君) 김귀영(金貴榮)이 북도(北道: 함경북도)에서 징병하시니, 북병사(北兵使) 한극함(韓克諴) 또한 마땅히 군사들을 거느리고 친히 응하여 달려갈 일이었으나 마침 육진(六鎭)의 여러 오랑캐가 틈을 노려 패거리를 불러 모으므로 장차 앞뒤에서 공격당할 염려가 있었던 까닭에 병사(兵使: 한극함)는 길주(吉州)에 진영(鎭陣)을 두고 머무르며 남도와 북도의 사기를 북돋아 주면서 즉시 사절동 권관(斜口洞權管) 고경민(高敬民)에게 정예병 200명을 이끌고 함흥(咸興)으로 내달려가도록 하였습니다. 또 회령 부사(會寧府使) 이영(李瑛)에게 정예병 400명을 이끌고 뒤이어 북청(北靑)으로 연이어 가도록 하였으나, 왜적의 세력이 더욱 치성하여 능히 막아낼 수 없었습니다. 이영 등의 군사들이 퇴각하여 마천령(磨天嶺)을 넘어 북병사(北兵使: 한극함)와 병력을 합치니 1천여 명이 되어 길주의 임명(臨溟) 지역에 주둔하였다가 왜군과 접전하여 7명의 목을 베었습니다.

그러나 부령 부사(富寧府使) 원희(元喜)가 전투에서 죽으니, 요망한 말이 소문으로 떠돌아 군사들의 마음이 더욱 동요하여 북쪽 지방의 정예병들이 태반이나 한밤중에 도망쳤습니다. 이튿날 왜적의 군대가 습격해 오자, 남아있던 군사마저 한꺼번에 절로 무너졌습니다. 병사(兵使) 이하는 간신히 목숨을 건져 몸만 빠져나와 경성(鏡城)으로 퇴각해 그곳을 지키려고 하였지만, 인심이 이미 흩어져 성안이 빗자루로 쓴 듯 사람의 흔적이라고는 없었습니다. 부득이하게 이영(李瑛)은 회령(會寧)을 지키고자 하고 한극함(韓克誠)은 종성(鍾城)을 지키고자 하던 차, 지난 7월 23일에 회령의 역졸 이충경(李忠卿), 친군위(親軍衛) 김세언(金世彦), 향리(鄕吏) 국경인(鞠景仁) 등이 앞장서서 반란을 일으켰습니다. 왕자군(王子君: 임해군·순화군) 두 분 및 상락부원군(上洛府院君) 김귀영(金貴榮), 장계부원군(長溪府院君) 황정욱(黃廷彧), 전 승지(前承旨) 황혁(黃赫), 선전관(宣傳官) 조인징(趙仁徵), 남병사(南兵使) 이영(李瑛), 회령 부사(會寧府使) 문몽헌(文夢軒), 함흥 판관(咸興判官) 이혜(李蕙) 등을 잡아서 왜적에게 넘겨주었습니다.

회령에서 반란이 일어난 뒤로부터 종성(鍾城) 이북 지역의 인심이 모두 떠나서 반기를 들었는데, 심지어 북도 우후(北道虞候) 이범(李範), 온성 부사(穩城府使) 이수(李銖), 병사(兵使) 한극함(韓克誠) 등도 또한 본도(本道: 함경도) 사람들에 의해 붙잡혀서 왜적에게 넘겨졌으므로, 그 나머지 수령(守令)과 진장(鎭將: 鎭營將)들은 자기 부하들의 노리는 바가 되어 스스로 그 자리를 보존할 수 없어서 간신히 목숨을 건져 몸만 빠져나왔고, 신(臣)도 또한 토착민들이 쏜 화살에 맞아 거의 죽다가 살아나서 경성(鏡城)의 바닷가 마을에 와 있사옵니다.

종성 부사(鍾城府使) 정현룡(鄭見龍), 전 좌수(前座首) 서수(徐邃), 현 좌수 이기수(李麒壽), 경성부 사람 안원(安原), 권관(權管) 강문우(姜文祐: 姜文佑의 오기), 급제(及第) 박은주(朴銀柱), 전 권관(前權管) 강수연(姜壽延), 유학(幼學) 최배천(崔配天), 정병(正兵) 강수하(姜壽遐), 온성 판관(穩城判官) 이눌(李訥), 경원 판관(慶源判官) 오언량(吳彦良), 훈융 첨사(訓戎僉使) 김자(金磁), 유원 첨사(柔遠僉使) 이희량(李希

良), 미전 첨사(美錢僉使) 김범(金範), 무산 만호(茂山萬戶) 이란(李蘭), 옥련 만호(玉連萬戶) 안옥(安沃), 주을온 만호(朱乙溫萬戶) 이희당(李希唐), 황자파 권관(黃柘坡權管) 함이량(咸以良), 오촌 권관(吾村權管) 구황(具滉), 병사 군관(兵使軍官) 전 감찰(前監察) 오명수(吳命壽), 전 만호(前萬戶) 김구장(金龜長), 훈련 봉사(訓鍊奉事) 허대임(許大任), 내 금위(內禁衛) 이팽령(李彭齡), 충의(忠義) 이응운(李應雲)·이귀서(李貴瑞), 정로위(定虜衛) 손걸(孫傑), 우림위(羽林衛) 이응란(李應鸞), 보 인(保人) 홍대련(洪大連), 종성 부사(鍾城府使) 군관(軍官) 전 만호(前萬戶) 최경원(崔慶元), 충의위(忠義衛) 어기영(魚起瀛), 전 사복(前司僕) 엄준억(嚴俊億), 정로위(定虜衛) 정춘기(鄭春氣), 별시위(別侍衛) 이수근(李壽根), 보인(保人) 정시룡(鄭時龍), 보인 이종신(李宗信), 보인 곽사(郭俟), 경성 군관(鏡城軍官) 전 내금위(前內禁衛) 이현(李鉉), 온성 판관(穩城判官) 군관(軍官) 정로위(定虜衛) 이광진(李光辰)·이천룡(李天龍), 유원 첨사(柔遠僉使) 군관(軍官) 전 내금위(前內禁衛) 김대관(金大寬), 갑사(甲士) 최명옥(崔命玉)·신구학(申九鶴), 훈융 첨사(訓戎僉使) 군관(軍官) 정로위(定虜衛) 정여(鄭勵), 별시위(別侍衛) 이장형(李長亨)·김흥복(金興福)·고영진(高永珍)·박종례(朴從禮), 교생(校生) 한득(韓得)·주덕남(朱德男), 미전 첨사(美錢僉使) 군관(軍官) 별시위(別侍衛) 안덕수(安德壽), 갑사(甲士) 방인학(方仁鶴), 충순위(忠順衛) 장붕(張鵬), 갑사 이찬(李贊), 황자파 권관(黃柘坡權管) 군관(軍官) 별시위(別侍衛) 전흥개(田興漑), 보인(保人) 최용담(崔龍潭), 갑사 이몽복(李夢福), 경성(京城)에서 피난 온 사람 성균관 권지(成均館權知) 학

유(學諭) 이성길(李成吉), 전 직장(前直長) 신석린(申石潾), 생원(生員) 신로(申櫓), 유학(幼學) 이정려(李精璖), 유학 신부(申桴)·신격(申格), 입거(入居) 임정언(林廷彦), 유학 신미(申楣), 서리(書吏) 최언붕(崔彦鵬), 보인(保人) 오경남(吳慶男)·오응남(吳應男) 등 원근의 사람들이 와서 모여 신(臣)과 함께 의병을 일으키기로 도모하였습니다.

이번 9월 16일에 경성(鏡城)을 지키러 들어갔는데, 곳간의 곡식과 성(城) 주위의 해자(垓字)들을 왜적들이 오랫동안 머무르며 결딴낸 뒤였는데도 서수(徐邃)·이기수(李麒壽) 및 관노들이 그 잿더미 속에 수습하느라 성문을 닫고서 사람의 출입을 금하고 수리하여 신(臣)들을 기다렸습니다.

이달 18일 사시(巳時: 오전 10시 전후)쯤, 길주(吉州)에 머물러 있던 왜적 92명이 갑자기 성 밑에 이르렀는데, 한 왜장이 예전과 같으리라고만 여기고 성문에 들이닥치는 것을 미전 첨사(美錢僉使) 김범(金範)의 관할 관노인 국생(鞠生)이 칼로 왜장의 팔을 찍었고 그의 아비 관노 국세필(鞠世弼)이 왜장을 말에서 부여잡아 끌어내린 다음 사로잡아 군중(軍中)에 효시(梟示)하였습니다. 그 나머지는 성 밑에 줄지어 서서 있는 것을 김범(金範)과 주을온 만호(朱乙溫萬戶) 이희당(李希唐)이 무수히 활을 쏘아 왜적과 말을 명중시키니 바야흐로 퇴각해 되돌아갔습니다.

안원 권관(安原權管) 상문우(裵文佑)가 남보다 먼저 수장하자, 오촌 권관(吾村權管) 구황(具滉)과 주을온 만호(朱乙溫萬戶) 이희당(李希唐) 등 15명이 추격하겠다고 자원하고서 이 고을의 급제(及第) 전 만호(前

萬戶) 김대진(金大振)과 중도에 서로 만나 힘을 합쳐 일식(一息: 30리) 남짓한 거리를 추격해 적과 맞붙어 10여 차례 싸우며 무수히 활을 쏘아 명중시키니, 왜적들이 시체를 싣고 달아나 흘러내리는 피가 길을 더럽혔으며 말과 옷 등 갖가지 물건들을 모두 버리고 달아났습니다. 강문우가 왜적 2명의 목을 베었으나 날이 저물어서 미처 끝까지 추격할 수 없었습니다. 목을 베면서 같이 벤 귀 2개는 산길을 통해 관찰사에게 올려보냈습니다.

본부(本府: 鏡城府) 토병(土兵) 전 별시위(前別侍衛) 유억수(庾億壽)와 입거(入居) 갑사(甲士) 이태옥(李泰玉) 등은 당초에 왜적들이 성을 점거했을 때 분연히 떨쳐 일신을 돌아보지 않고 왜적을 활로 쏘아 죽여 묻어두었다가 신(臣)이 입성한 뒤에 유억수는 왜적 2명의 목을, 이태옥은 왜적 1명의 목을, 정병(正兵) 강득황(姜得璜)은 왜적 1명의 목과 그가 빼앗은 환도(環刀)를 가져와 바쳤습니다.

함경도 내의 경흥(慶興)·경원(慶源) 등지에 있는 번호(藩胡: 북쪽 변경 가까이에 있으면서 공물을 바치던 오랑캐 여진족)가 심처제추(深處諸酋: 북쪽 변경과 멀리 떨어져 있으면서 귀부하지 않은 오랑캐)에게 한꺼번에 격문(檄文)을 묶은 화살을 쏘았는데, 경흥부(慶興府) 및 그 관할 4개의 작은 성을 전부 함락하고 노략질하여 백성들이 거의 죽었으며, 경원부(慶源府) 관할 아산(阿山)·건원(乾元) 2개의 작은 성 및 고아산창(古阿山倉)·고건원창(古乾元倉)·유신창(有信倉)·해창(海倉), 온성(穩城)의 덕명창(德明倉)·덕산창(德山倉)·해창(海倉), 종성(鍾城) 관할 부계(俯溪)·장풍리(長豐里)·방산리(方山里: 防山里의 오기)·녹야(鹿

野)의 창고와 조산리(造山里)의 해창(海倉), 회령(會寧)의 약산창(樂山 倉)·고랑거리창(古郞巨里倉) 등도 또한 죄다 약탈당하였습니다.

이미 뿔뿔이 흩어진 군졸들을 새로 모아 남쪽으로는 길주의 왜적 을 무찌르고 북쪽으로는 가득한 오랑캐들을 막으려니 지극히 걱정스 러울 뿐만 아니라, 경성부 또한 육진(六鎭)의 요충지로서 길주와의 거리가 이틀 길이고 회령과의 거리도 이틀 길인 데다 양쪽 지역의 적들 사이에 끼어있어서 군사들을 징발할 곳도 없고 군량을 계속 운반할 방책도 없으니 더욱 걱정스럽습니다.

대개 적의 숫자가 많은지 적은지 비록 상세히는 알지 못하나 이성 (利城)·단천(端川)·영동(嶺東)·길주(吉州) 네 곳에 머물러 있는 숫 자가 각기 4천여 명이라고 하는바, 공격하는 것과 수비하는 것 가운 데서 어느 것이 유리한지를 장수들과 서로 의논하여 힘을 다해 조치 할 생각인데, 신(臣) 또한 인신(印信)이 없는 관원으로 이러한 변란을 당한 때 백문(白文: 관인이 찍히지 않은 문서)을 봉해 장계로 올리는 것이 효력을 인정받지 못할 듯하여 임시로 부령부(富寧府)의 인신을 사용하였으니 몹시 황공한 일인 만큼 이러한 연유로 아룁니다.

만력 20년 임진년(1592) 9월 20일

倡義起兵入守鏡城後擊斬倭賊狀啓.

自鐵嶺[1]失守, 西路阻絶, 未聞朝命爲白有如乎節[2], 都巡察使兼

---

1 鐵嶺(철령): 강원도 淮陽郡과 함경남도 高山郡의 경계에 있는 큰 재.

觀察使金命元³關字及有旨段⁴, 路塞不通次, 慶源⁵府使吳應台⁶,
朱乙溫⁷萬戶李希唐⁸, 玉連⁹萬戶安沃¹⁰, 吾村¹¹權管具滉¹²等, 以

---

2 爲白有如乎節(위백유여호절): 이두 표기. ~하였삽다는 때.

3 金命元(김명원, 1534~1602): 본관은 慶州, 자는 應順, 호는 酒隱. 1568년 종성
  부사가 되었고, 그 뒤 동래부사·판결사·형조참의·나주 목사·정주 목사를 지냈
  다. 1579년 의주 목사가 되고 이어 평안 병사·호조 참판·전라 감사·한성부 좌
  윤·경기 감사·병조참판을 거쳐, 1584년 함경감사·형조 판서·도총관을 지냈다.
  1587년 우참찬으로 승진했고, 이어 형조 판서·경기 감사를 거쳐 좌참찬으로 지
  의금부사를 겸했다. 1589년 鄭汝立의 난을 수습하는 데 공을 세워 平難功臣
  3등에 책록되고 慶林君에 봉해졌다. 1592년 임진왜란이 일어나자, 순검사에 이
  어 팔도도원수가 되어 한강 및 임진강을 방어했으나, 중과부적으로 적을 막지
  못하고 적의 침공만을 지연시켰다. 평양이 함락된 뒤 순안에 머무르며 行在所
  경비에 힘썼다. 이듬해 명나라 원병이 오자 명나라 장수들의 자문에 응했고, 그
  뒤 호조·예조·공조의 판서를 지냈다. 1597년 정유재란 때는 병조판서로 留都大
  將을 겸임했다.

4 段(딴): 이두 표기. ~은. ~는.

5 慶源(경원): 함경북도 북단에 있는 고을. 동쪽은 두만강을 경계로 중국 동북 지
  방의 吉林省에 접하고, 서쪽은 종성군, 남쪽은 경흥군, 북쪽은 우리나라 최북단
  온성군과 접한다.

6 吳應台(오응태, 생몰년 미상): 본관은 海州. 현감 吳下蒙의 셋째 아들이고, 전
  라도 우방어사 吳應鼎의 형이다. 무과에 급제하여 울주·진주·청주 등지에서
  진영장을 지냈다. 임진왜란 발발 초기인 1592년 함경도 경원 부사로 재직 중에
  의병장 鄭文孚와 함께 왜군을 대파하여 中軍將이 되었다. 이후 1595년 회령
  부사를 거쳐 1597년 북병사로 임명되었고, 정유재란 때 전라도 병마절도사와
  전주부윤을 겸임하며 南原城 전투에서 활약하였다.

7 朱乙溫(주을온): 함경북도 경성군 주을읍 육향동에 있던 堡.

8 李希唐(이희당, 1559~1593): 본관은 全州, 자는 國純. 1583년 무과에 급제하였
  다. 1592년 10월에 潼關鎭僉使로 승진하고, 1593년 吉州城을 공격하는 加藤淸
  正의 왜군과 정문부의 의병은 白塔坪南溶林 아래에서 일대격전을 하게 되었다.
  그는 싸움을 그치고 회군하려든 중에 적의 流彈에 맞아 전사하였다.

持德萬洞[13]村氓傳書, 來到爲白有去乙[14]。臣伏見有旨, 始知行在
萬安, 七道倭賊幾盡勦滅, 不勝感泣欣抃, 罔極爲白齊[15]。當初北
方事段, 去六月十二日, 鐵嶺兵潰後, 南道列邑軍民, 罔有固志,
望風奔散, 仍致長驅之勢爲白去乙[16]。上洛府院君臣金貴榮[17], 徵

---

9 玉連(옥련): 함경북도 부령에 설치된 富寧鎭에 속한 堡.

10 安沃(안옥, 1554~?): 본관은 竹山, 자는 啓伯. 1583년 무과에 급제하였다.

11 吾村(오촌): 조선시대 함경북도 鏡城에 있던 驛. 경성도호부 남쪽 3리 지점에
    있었고, 輪城道의 屬驛이었다.

12 具滉(구황, 1561~1600): 본관은 綾城, 자는 士浩, 호는 釖山. 1583년 무과에
    급제하였다. 1592년 임진왜란이 발발하여 왜장 加藤淸正이 정예부대를 이끌고
    함경도를 침략하였는데, 吾村權管으로서 鄭文孚 장군의 휘하에서 吉州의 長德
    山에 이어 端川의 雙浦에서 왜군에 대승을 거두었다. 1593년 姜燦 휘하의 訓鍊
    正으로서 왜적을 소탕하는 데 공을 세웠다. 이후 1600년 함경북도 회령의 甫乙
    下堡를 수비하는 僉使로서 오랑개의 침략을 막아 싸우다가 전사하였다.

13 德萬洞(덕만동): 함경북도 길주에 있던 堡.

14 爲白有去乙(위백유거을): 이두 표기. ~하왔삽거늘.

15 爲白齊(위백제): 이두 표기. ~하옵니다.

16 爲白去乙(위백거을): 이두 표기. ~하옵거늘.

17 金貴榮(김귀영, 1520~1593): 본관은 尙州, 자는 顯卿, 호는 東園. 1555년 을묘
    왜변이 일어나자 이조 좌랑으로 도순찰사 李浚慶의 종사관이 되어 光州에 파견
    되었다가 돌아와 이조정랑이 되었다. 1556년 議政府檢詳, 1558년 弘文館典翰
    등을 거쳐, 그 뒤 漢城府右尹·춘천 부사를 지냈고, 대사간·대사헌·부제학 등
    을 번갈아 역임하였다. 선조 즉위 후 도승지·예조 판서를 역임하고, 병조판서로
    서 지춘추관사를 겸하였으며, 1581년 우의정에 올랐고, 1583년 좌의정이 되었다
    가 곧 물러나 知中樞府事가 되었다. 1589년에 平難功臣에 녹훈되고 上洛府院
    君에 봉해진 뒤 耆老所에 들어갔으나, 趙憲의 탄핵으로 사직했다. 1592년 임진
    왜란이 일어나 천도 논의가 있자, 이에 반대하면서 서울을 지켜 명나라의 원조를
    기다리자고 주장하였다. 결국 천도가 결정되자 尹卓然과 함께 臨海君을 모시고
    함경도로 피난했다가, 회령에서 鞠景仁의 반란으로 임해군·順和君과 함께 왜

兵北道爲白良在乙[18], 北兵使韓克諴[19], 亦所當領兵親赴事是白乎
矣[20], 適音[21]六鎭諸胡伺釁嘯聚[22], 將有腹背受敵之患乙仍于[23], 兵
使段, 留鎭吉州[24], 以爲南北聲援爲白遣[25], 卽令斜卩洞權管高敬
民, 率精兵二百名, 馳赴咸興[26]。又令會寧府使李瑛[27], 率精兵四

장 加藤淸正의 포로가 되었다. 이에 임해군을 보호하지 못한 책임으로 관직을
삭탈당했다. 이어 다시 加藤淸正의 강요에 의해 강화를 요구하는 글을 받기 위
해 풀려나 行在所에 갔다가, 사헌부·사간원의 탄핵으로 推鞫당해 회천으로 유
배가던 중 중도에서 죽었다.

18 爲白良在乙(위백양재을): 이두 표기. ~하옵시거늘.

19 韓克諴(한극함, ?~1593): 慶源府使를 거쳐, 1592년 임진왜란 때 함경북도 병
마절도사로 海汀倉에서 가토(加藤淸正)의 군사와 싸웠다. 이때 전세가 불리해
지자 臨海君과 順和君 두 왕자를 놓아둔 채 단신으로 오랑캐 마을 西水羅로
도주하였다가, 도리어 그들에게 붙들려 경원부로 호송, 가토의 포로가 되었다.
앞서 포로가 된 두 왕자 및 그들을 호행하였던 대신 金貴榮·黃廷彧 등과 다시
안변으로 호송되었다가 이듬해 4월 일본군이 서울을 철수할 때 허술한 틈을 타
서 단신으로 탈출, 高彦伯의 軍陣으로 돌아왔으나 처형당하였다.

20 是白乎矣(시백호의): 이두 표기. ~이시오되.

21 適音(적음): 마침.

22 嘯聚(소취): 도적들이 밤에 휘파람으로 신호하여 패거리를 불러 모으는 것을 말함.

23 乙仍于(을잉우): 이두 표기. ~으로 말미암아.

24 吉州(길주): 함경북도 남부에 있는 고을. 동쪽은 명천군과 동해, 서쪽은 함경남
도 단천군·혜산군, 남쪽은 학성군, 북쪽은 무산군·경성군과 접한다.

25 爲白遣(위백견): 이두 표기. ~하옵고.

26 咸興(함흥): 함경남도 함흥만 연안에 있는 고을. 동쪽은 낙원군, 서쪽은 영광군·
함주군, 북쪽은 신흥군·홍원군, 남쪽은 동해에 면한다.

27 李瑛(이영, ?~1593): 1584년 온성 부사를 거쳐 회령 부사를 역임하고, 1591년
에는 비변사의 천거를 받아 함경남도병마절도사에 발탁되었다. 이듬해 함경북
도병마절도사 韓克諴과 함께 摩天嶺의 海汀倉에서 근왕병을 모집하기 위하여,
함경도에 체류하고 있던 臨海君, 順和君을 사로잡기 위하여 북상하는 加藤淸正

百名, 繼往北靑[28]爲白有如乎[29], 賊勢益熾, 不能防遏。李瑛等兵, 退踰磨天嶺[30], 與北兵使合兵, 一千餘名, 軍于吉州臨溟[31]地, 接戰斬倭七級。富寧府使元喜, 戰沒, 妖言流聞, 軍情益搖, 北地精銳之兵, 太半宵遁。翌朝, 賊兵來襲, 餘軍一時自潰。兵使以下, 僅以身免, 欲退守鏡城[32]爲白良置[33], 人心已散, 城內如掃。不得已李瑛段, 欲守會寧[34], 韓克誠段, 欲守鍾城[35]次, 去七月二十三日分, 會寧驛子李忠卿, 親軍衛金世彦, 鄕吏鞠景仁[36]等, 唱首作

의 왜군을 공격하였으나 오히려 참패하였다. 회령으로 퇴각하여 있던 중 왜군과 내통한 회령부 아전 鞠景仁의 음모로 임해군 등과 함께 왜군의 포로가 되었다. 그 뒤 안변에 수금되었다가 1593년부터 철수하는 왜군을 따라 남으로 이동하던 중 부산에서 석방되었는데 패전과 적에게 붙은 죄명으로 伏誅되었다.

28 北靑(북청): 함경남도 중동부에 있는 고을. 동쪽은 이원군·단천군, 서쪽은 신흥군·홍원군, 남쪽은 동해, 북쪽은 풍산군과 접한다.

29 爲白有如乎(위백유여호): 이두 표기. ~하옵셨더니.

30 磨天嶺(마천령): 함경남도 端川郡 廣泉面과 함경북도 鶴城郡 鶴南面 경계에 있는 고개. 옛 이름은 伊板嶺이다.

31 臨溟(임명): 함경북도 길주군에 있는 지명.

32 鏡城(경성): 함경북도 중앙부 동해안에 있는 고을. 동쪽은 동해와 면하여 있고, 서쪽은 무산군, 남쪽은 길주군과 명천군, 북쪽은 부령군과 접한다.

33 爲白良置(위백양치): 이두 표기. ~하사와도.

34 會寧(회령): 함경북도 북부 중앙에 있던 고을. 동쪽은 종성군, 서쪽은 무산군, 남쪽은 부령군, 북쪽은 중국 만주 지방의 길림성과 접한다.

35 鍾城(종성): 함경북도 북단에 있는 고을. 동쪽은 경원군, 서쪽은 두만강을 경계로 중국 동북 지방, 남쪽은 회령군·경흥군·나진시, 북쪽은 온성군과 접한다.

36 鞠景仁(국경인, ?~1592): 반란자. 본시 全州에 살다가 죄를 지어 會寧으로 유배되었다. 뒤에 회령부의 아전으로 들어가 재산을 모았으나, 조정에 대해서 원한이 많았다. 1592년 임진왜란 때 왜장 가토[加藤淸正]가 함경도로 침입하여

亂。王子君³⁷兩分及上洛府院君金貴榮, 長溪府院君黃廷彧³⁸, 前
承旨黃赫³⁹,宣傳官趙仁徵⁴⁰, 南兵使李瑛, 會寧府使文夢軒⁴¹, 咸

회령 가까이에 이르자 경성부의 아전으로 있던 작은아버지 鞠世弼, 명천 아전
鄭末守 등과 함께 부민을 선동, 반란을 일으켰다. 이때 근왕병(勤王兵: 왕을 측
근에서 호위하는 병사) 모집차 이곳에 머무르고 있던 선조의 두 왕자 臨海君과
順和君 및 그들을 호종하였던 대신 金貴榮과 黃廷彧·黃赫 부자, 南兵使 李瑛,
회령 부사 文夢軒, 온성부사 李銖 등을 그 가족과 함께 잡아 적진에 넘겼다. 이에
가토에 의하여 判刑使制北路에 임명되어 회령을 통치하면서 李彦祐·田彦國 등
과 함께 횡포를 자행하다가 北評事 鄭文孚의 격문을 받은 회령유생 申世俊과
吳允迪의 유인에 떨어져 붙잡혀 참살되었다.

37 王子君(왕자군): 君에 봉하여진 왕자를 말함. 여기서는 臨海君과 順和君을 일
   컫는다.

38 黃廷彧(황정욱, 1532~1607): 본관은 長水, 자는 景文, 호는 芝川. 1592년 임진
   왜란이 일어나자 號召使가 되어 왕자 順和君을 陪從, 강원도에서 의병을 모으
   는 격문을 8도에 돌렸고, 왜군의 진격으로 會寧에 들어갔다가 모반자 鞠景仁에
   의해 임해군·순화군 두 왕자와 함께 安邊 토굴에 감금되었다. 이때 왜장 加藤清
   正으로부터 선조에게 항복 권유의 상소문을 쓰라고 강요받고 이를 거부하였으
   나, 왕자를 죽인다는 위협에 아들 赫이 대필하였다. 이에 그는 항복을 권유하는
   내용이 거짓임을 밝히는 또 한 장의 글을 썼으나, 體察使의 농간으로 아들의
   글만이 보내져 뜻을 이루지 못하고 이듬해 부산에서 풀려나온 뒤 앞서의 항복
   권유문 때문에 東人들의 탄핵을 받고 吉州에 유배되고, 1597년 석방되었으나
   復官되지 못한 채 죽었다.

39 黃赫(황혁, 1551~1612): 본관은 長水, 자는 晦之, 호는 獨石. 순화군의 장인이
   다. 임진왜란이 일어나자 護軍에 기용되어 부친 黃廷彧과 함께 사위인 順和君
   을 따라 강원도를 거쳐 會寧에 이르러, 모반자 鞠景仁에게 잡혀 왜군에게 인질
   로 넘겨졌다. 安邊의 토굴에 감금 중 적장 加藤清正으로부터 선조에게 항복 권
   유문을 올리라는 강요에 못 이겨 부친을 대신하여 썼다. 이를 안 황정욱이 본의
   가 아니며 내용이 거짓임을 밝힌 별도의 글을 올렸으나 체찰사가 가로채 전달되
   지 않았다. 1593년 부산에서 왕자들과 함께 송환된 후 앞서의 항복 권유문으로
   東人에 의해 탄핵, 理山에 유배되었다가 다시 信川에 이배되었다.

40 趙仁徵(조인징, 1548~?): 자는 休甫. 1591년 별시 무과에 급제하였다. 1593년

興判官李蕙等乙, 捉給倭賊。自會寧作變之後, 鍾城以北人心, 并爲離叛, 至於北道虞候李範, 穩城府使李銖, 兵使韓克諴等, 亦 爲本道人所捉給乙仍于, 其餘守令鎭將, 爲其下所圖, 不能自保, 僅以身免, 臣段置[42], 亦爲土人所射, 幾死得免, 來在鏡城海村爲 白有如乎。鍾城府使鄭見龍[43], 前座首徐遼, 時座首李麒壽, 本府 人安原, 權管姜文祐[44], 及第朴銀柱[45], 前權管姜壽延[46], 幼學崔配

李如松의 명나라 원군이 평양성 함락 후 더 나아가지 못하고 평양성에 주둔해 있을 때, 백의종군하여 서울의 상황을 보고하였다. 같은 해 왕자 順和君을 모시고 嶺東 지방으로 피신하였으나 왜군의 포로가 되어 선조에게 보내는 항복 권유문을 쓰도록 강요받았던 黃廷彧을 심문하였을 때, 황정욱은 자신의 무고함을 증명해 줄 이로 咸廷虎・李長培・沈怡 등과 함께 趙仁徵을 꼽았다. 1599년 평해 군수, 1603년 청원 부사를 역임하고, 1605년 담양 부사에 임명되었지만 부임하지 않은 듯하다.

41 文夢軒(문몽헌, 1535~1593): 본관은 南平, 자는 汝吉. 1578년 강계 판관을 지냈고, 1589년 姜暹에 의하여 武將으로서 천거되었다. 1592년 강원도 방어사를 거쳐 회령 부사로 재임 중 회령 아전 鞠景仁에 의하여 임해군・순화군의 두 왕자와 함께 잡혀 일본군에게 포로로 넘겨졌다.

42 段置(단치): 이두 표기. ~도.

43 鄭見龍(정현룡, 1547~1600): 본관은 東萊, 자는 雲卿. 1577년 무과 급제 후 선전관이 되었고, 申砬의 천거로 등용되어 회령 부사, 종성부사, 북병사를 역임하였으며, 임진왜란 때 전장에서 여러 번 공을 세웠다.

44 姜文祐(강문우): 姜文佑(생몰년 미상)의 오기. 본관은 晉州, 자는 汝翼. 1558년 별시에 급제하여, 관직은 萬戶를 거쳐 校書館校理에 이르렀다. 1592년 임진왜란 때 함경북도 평사 鄭文孚가 군사를 일으켜 鏡城을 수복할 당시 선두에 서서 府城에 이르러, 항거하는 鞠世弼을 위협하여 兵使의 印을 회수하였으며, 吉州의 왜군 1백여 명이 상황을 살피러 왔을 때는 성문을 열고 나가 수십 명의 목을 베어서 남은 적들을 물리치는 등 왜적을 공격하는 데 공을 세우기도 하였다.

45 朴銀柱(박은주, 1550): 자는 慶得. 鏡城 출신. 1591년 무과에 급제하였다. 아버

天⁴⁷, 正兵姜壽遲, 穩城判官李訥, 慶源判官吳彦良, 訓戎僉使金磁, 柔遠僉使李希良, 美錢僉使金範, 茂山萬戶李蘭, 玉連萬戶安沃, 朱乙溫萬戶李希唐, 黃柘坡權管咸以良⁴⁸, 吾村權管具滉, 兵使軍官前監察吳命壽⁴⁹, 前萬戶金龜長, 訓鍊奉事許大任⁵⁰, 內禁衛李彭齡, 忠義李應雲⁵¹·李貴瑞, 定虜衛孫傑, 羽林衛李應鸞, 保人洪大連, 鍾城府使軍官前萬戶崔慶元, 忠義衛魚起瀛⁵², 前司僕嚴俊億, 定虜衛鄭春氣⁵³, 別侍衛李壽根, 保人鄭時龍, 保人李宗信, 保人郭俟, 鏡城軍官前內禁衛李鉉, 穩城判官軍官定虜衛

지는 朴彬이다.

46 姜壽延(강수연, 1554~1644): 본관은 晉州.

47 崔配天(최배천, 1565~1640): 본관은 江陵. 1592년 임진왜란 때 평민으로 의병을 일으켜 북평사 鄭文孚 등과 왜병을 물리쳐 군기시 주부와 판관을 거치고, 1616년 회령 교수 사복시 첨정을 지냈다.

48 咸以良(함이량, 1552~?): 자는 善仲. 1591년 별시 무과에 급제하였다. 아버지는 咸德俊이다.

49 吳命壽(오명수, 1542~?): 본관은 羅州, 자는 耆叟. 1577년 별시 무과에 급제하였다. 내직으로 주부, 감찰, 첨정을 지냈고, 외직으로 거제와 북청 수령을 지냈다. 1592년 임진왜란이 일어나자 대가를 龍灣까지 호종하였고, 왕세자 및 빈궁과 대군이 伊川에 있을 때 壯士로 선발되었다.

50 許大任(허대임, 1555~?): 본관은 金海, 자는 國老. 1583년 별시 무과에 급제하였다. 1598년 삼가 현령을 지냈다.

51 李應雲(이응운, 1535~1598): 본관은 全州.

52 魚起瀛(어기영, 1566~1626): 본관은 咸從, 자는 仲擧. 1597년 무과에 급제하여 관직에 나아가 첨지중추부사에 이르렀다.

53 鄭春氣(정춘기, 1563~?): 본관은 東萊, 자는 和叔. 1599년 별시 무과에 급제하였다.

李光辰·李天龍, 柔遠僉使軍官前內禁衛金大寬[54], 甲士崔命玉·
申九鶴, 訓戎僉使軍官定虜衛鄭勵, 別侍衛李長亨·金興福·高
永珍·朴從禮, 校生韓得·朱德男, 美錢僉使軍官別侍衛安德壽,
甲士方仁鶴, 忠順衛張鵬, 甲士李贊, 黃柘坡權管軍官別侍衛田
興溉, 保人崔龍潭, 甲士李夢福, 京來避亂人成均館權知學諭李
成吉[55], 前直長申石溓, 生員申櫓[56], 幼學李精璨, 幼學申桴·申
格, 入居[57]林廷彦[58], 幼學申楣, 書吏崔彦鵬, 保人吳慶男·吳應

---

54 金大寬(김대관, 1566~?): 본관은 慶州, 자는 彦弘.

55 李成吉(이성길, 1562~?): 본관은 固城, 자는 德哉, 호는 滄洲. 1589년 문과에
   급제, 1594년 병조 좌랑에서 면직되자 北評事 鄭文孚를 따라 의병을 일으켜
   전공을 세우고, 輪城道察訪이 되었다. 1596년 북청 판관에서 함흥 판관으로 옮
   겼으며, 1601년 여산 군수를 거쳐, 1604년 합천군수·사헌부 지평을 지내고 판
   결사와 分朝의 병조참판에 올랐다. 2차에 걸쳐 명나라에 사신으로 다녀왔으며,
   그림에도 뛰어났는데, 의병이 되어 적을 물리치고 승전의 상황을 화폭에 담아
   이름을 떨쳤다.

56 申櫓(신로, 1546~1593): 본관은 高靈, 자는 濟而. 1567년 사마시에 합격하였
   다. 1592년 임진왜란이 일어나자 북쪽으로 피난 가다가 端川에 이르러 군수 姜
   燦을 권유하여 의병을 일으켜 檄文을 지었다. 또 臨海君·順和君 두 왕자가
   會寧에서 加藤淸正에게 포로가 되자, 이를 구출하려고 일족인 申石溓과 함께
   鄭見龍 등을 권하여 의병을 일으켰다. 그 뒤 북평사 鄭文孚를 대장으로 삼고,
   자신은 그 휘하에 종군하여 함경도 곳곳에서 왜적을 격파하여 六鎭을 모두 수복
   하였다.

57 入居(입거): 함경도, 평안도, 황해도 지방에 이주한 백성.

58 林廷彦(임정언, 생몰년 미상): 본관은 兆陽, 자는 士美. 1592년 임진왜란이 일
   어나자 의병장 鄭文孚의 휘하로 들어가 鏡城에서 왜적들과 격전을 벌여 수많은
   적병을 물리치는 등의 공을 세웠다. 또한 회령지역의 鄕吏 鞠景仁 등이 난을
   일으키자, 申楣·崔彦鵬·吳慶男과 같이 정문부를 도와 적을 무찔렀다.

男等, 遠近來會, 與臣共謀倡義。今九月十六日, 入守鏡城, 倉穀城池, 倭賊久留板蕩之餘, 徐遂·李麒壽及官奴等, 收其餘燼, 封閉[59]修輯, 以待臣等爲白有齊[60]。本月十八日巳時量, 吉州留屯倭賊九十二名, 奄至城下, 有一倭將意謂如前, 突入城門爲白去乙, 美錢僉使金範所領官奴鞠生, 以劍斫臂, 其父官奴世弼[61], 扶執下馬, 仍爲生擒, 梟示軍中爲白遣。其餘段, 列立城底爲白有去乙, 金範及朱乙溫萬戶李希唐, 多數發射, 中賊中馬爲白良沙[62], 始爲退還爲白去乙。安原權管姜文佑倡首, 吾村權管具滉, 朱乙溫萬戶李希唐等十五名, 自願追擊, 與本土及第前萬戶金大振, 中路相逢, 并力追至一息[63]餘程, 合戰十餘度, 多數射中, 倭賊載屍奔北, 流血濺道, 馬匹及衣服雜物乙, 并爲棄走。姜文佑斬首二級, 因日昏, 未得窮追爲白有齊。同斬馘割耳二級段, 由山路, 觀察使道以己爲上使爲白有齊。本府土兵前別侍衛庾億壽, 入居甲士李泰玉等, 當初倭賊據城時, 奮不顧身, 射殺倭賊, 埋置爲白有如

---

59 封閉(봉폐): 굳게 門戶를 닫아 사람의 출입을 금함.

60 爲白有齊(위백유제): 이두 표기. ~하였사옵니다.

61 世弼(세필): 鞠世弼(?~1592). 宣祖 때의 반란자·역신. 선조 때 會寧府의 아전으로 있으면서 조카 鞠景仁과 함께 조정에 원한을 품고 있다가 임진왜란이 일어나자 무리를 모아 반란을 일으켰다. 회령에 피난 중이던 두 왕자 臨海君과 順和君을 포박하여 왜장 加藤清正에게 넘겨주었다. 그 후 회령의 儒生에게 붙잡혀 참살당하였다.

62 爲白良沙(위백양사): 이두 표기. ~하시어야.

63 一息(일식): 길이를 셈하는 단위로 길을 가는 사람이 한 번씩 쉴 거리의 뜻으로 30리를 이름.

可[64], 臣入城後, 庾億壽段二級, 李泰玉一級, 正兵姜得璜一級, 并其所奪環刀, 來納爲白齊。道內慶興[65]·慶源等地藩胡[66], 與深處諸酋[67], 一時傳箭[68], 慶興府及所管四堡, 全數陷掠, 民人殆盡爲白是沙餘良[69], 慶源所管阿山[70]·乾元[71]二堡及古阿山·古乾元倉, 有信倉, 海倉, 穩城[72]德明倉, 德山倉, 海倉, 鍾城俯溪長豐里·方山里·鹿野倉, 造山里海倉, 會寧檿山倉, 古郎巨里倉等, 亦盡爲搶掠爲白有去等[73]。新集散卒。以南圖吉州之倭。北捍充斥之胡。極爲悶慮叱分不喩[74], 鏡城府, 亦六鎭要衝之地, 距吉州二日

---

64 爲白有如可(위백유여가): 이두 표기. ~하엽삽다가.

65 慶興(경흥): 함경북도 북동부의 두만강 하구에 있는 고을. 동쪽은 두만강을 경계로 하여 중국 東北地方의 松江省(현재의 吉林省) 및 러시아의 沿海州, 서쪽은 종성군, 북쪽은 경원군, 남쪽은 동해에 면한다.

66 藩胡(번호): 북방에 있는 변경의 오랑캐 여진족으로 무역을 하고 공물을 바치는 자. 누르하치가 만주 전역의 여진족을 통합하는 과정에서 건주여진에 정복되어 흡수되었다.

67 深處諸酋(심처제추): 백두산 북쪽에 사는 여러 오랑캐로서 아직 親附하지 않은 자들을 일컫는 말.

68 傳箭(전전): 戰時에 傳令할 때 쏘는 화살.

69 爲白是沙餘良(위백시사여량): 이두 표기. ~하옵심일 뿐 아니라.

70 阿山(아산): 조선시대 함경도 경원의 두만강 연변에 설치한 鎭堡.

71 乾元(건원): 조선시대 함경도 경원부에 속한 鎭堡. 1583년에 건원 권관으로 근무하던 이순신이 '니탕개(尼湯介)의 난'을 처음 일으킨 경원의 藩胡 于其乃를 유인하여 목을 벤 곳이기도 하다.

72 穩城(온성): 함경북도 좌북단에 있는 고을. 동·서·북쪽은 두만강을 국경으로 하여 중국 吉林省·琿春·圖們 지방과 마주 대하고 있으며, 남쪽은 종성군·경원군과 접한다.

73 爲白有去等(위백유거등): 이두 표기. ~하왔삽는데.

之程, 距會寧亦二日之程是白去等[75], 介於兩賊之間, 兵無徵發之
處, 糧無繼運之策, 加于悶慮爲白齊. 大槪賊數多少, 雖不詳知
爲白良置, 利城[76]・端川[77]・嶺東・吉州四處留在之數, 各四千餘
名是如爲白臥乎等用良[78], 攻守便宜, 與諸將相議, 盡力措置, 妄
料爲白乎旀[79], 臣亦無印信官, 以當此變亂之時, 白文[80]封啓, 似
無符驗乙仍于, 權用富寧府印信, 至爲惶恐爲白臥乎事是良尒[81],
詮次以善啓向敎是事[82]。

萬曆二十年壬辰九月二十日。

74　叱分不喩(질분불유): 이두 표기. 뿐 아니라.

75　是白去等(시백거등): 이두 표기. ~이옵거든.

76　利城(이성): 함경남도 이원 지역의 옛 지명.

77　端川(단천): 함경남도의 동남부에 있는 고을. 동쪽은 함경북도 학성군, 서쪽은
　　풍산군・북청군, 남쪽은 동해, 북쪽은 갑산군, 함경북도 길주군과 접한다.

78　是如爲白臥乎等用良(시여위백와호등용량): 이두 표기. ~이라고 하옵는 줄로써.

79　爲白乎旀(위백호며): 이두 표기. ~하오며.

80　白文(백문): 조선시대 官印이 찍히지 않은 문서. 관인이 없으면 그 효력을 인정
　　받지 못한다.

81　爲白臥乎事是良尒(위백와호사시양며): 이두 표기. ~하옵는 일이므로.

82　向敎是事(향교시사): 이두 표기. ~하올 일.

02

반역자
회령 국경인 · 명천 말수 등을
주벌한 장계

　신(臣)이 종성 부사(鍾城府使) 정현룡(鄭見龍)과 함께 병사를 모집하기로 모의한 연유에 대해서는 이미 뱃길을 통해 장계를 올렸거니와, 일렁이는 풍랑과 들끓는 도적들 틈바구니에서 미처 도달하지 못했을까 두려워 다시 진술하여 아뢰옵니다.

　장계에서 미진했던 사연으로 근래에 이르러 조치한 일들은 신(臣)이 처음 이성인(李聖仁: 李聖任의 오기) 및 경원 부사(慶源府使) 오응태(吳應台) 등과 경성(鏡城)으로 들어가 군사와 백성들을 깨달아 알아듣도록 타일러서 공동으로 성을 지키려는 계획이었습니다만, 백성들의 의혹이 이미 심해 백에 단 하나라도 믿지 않을 뿐 아니라 경성(京城)에서 온 장사(壯士)들도 굳은 뜻이라곤 없고 대부분 남쪽으로 내려가려고만 하여 부득이하게 각기 뿔뿔이 흩어지니 혹자는 산길로 혹자는 바닷길로 관군이 있는 곳으로만 달아나고자 하였습니다.

신(臣)은 바닷가의 마을에 와 있다가 배를 타려고 하던 차에 마침 거리에 떠도는 말을 들으니, 구황(具滉) 등이 순찰사(巡察使)의 관자(關字: 공문)를 가지고 북쪽으로 돌아온다는 기별이었습니다. 신(臣)이 즉시 정현룡에게 이를 알려서 본토박이들 및 진장(鎭將)들과 모의하여 경성(鏡城)으로 쳐들어가 점거하였습니다. 관아의 뜰에 성안의 군사들과 백성들을 모아 놓고 국가가 중흥할 수 있도록 마음을 돌려 적을 토벌해야 한다는 의리로 타이른 뒤 원근의 병마(兵馬)를 첩문(帖文)으로 불러들여서 반적(叛賊)을 토벌하고 왜적을 섬멸할 계획을 세웠습니다. 그러나 왜적의 기세가 한창 성하니 인심이 의심하고 두려워하여 비단 응모하는 자가 거의 없었습니다. 이뿐만 아니라 회령(會寧)의 반란 아전 국경인(鞠景仁)은 왜적이 주는 벼슬을 받아 형조 판서라 일컬으며 그 위세로 온 회령부를 통제하고 육진(六鎭)으로 징병하러 가는 길을 막고서 몰래 왜적과 내통하여 항상 경성(鏡城)을 협공하려는 계획을 세웠으며, 명천(明川)의 사노(寺奴) 말수(末秀: 鄭末守)는 대장(大將)이라 일컬으며 전령(傳令)을 써서 짐수레로 끊이지 않게 실어 날라 길주(吉州)의 왜적과 결탁하고 토호(土豪)들을 도륙하여 의병이 일어나는 것을 막았습니다. 이 때문에 경성(鏡城)이 밖으로부터 쳐들어오는 왜적을 막기에는 고립되고 약하여서 떨쳐 일어날 수가 없었는데, 번호(藩胡)와 왜적의 세력에 끼인 데다 남쪽과 북쪽에는 반적(叛賊)까지 있으니 근근이 지탱하고 보전하면서 죽기를 각오하여 지키는 것만이 계책이었습니다.

이달 2일 회령 향소(鄕所)의 첩정(牒呈: 공문서)에 의하면, "본부(本

府: 회령부)에 사는 향리(鄕吏) 국경인 또한 본디 고집스럽고 고약한 사람이라서 평상시 위세를 멋대로 부릴 적에 여러 가지로 악행을 저질렀어도 대단한 일이 아니었으므로 그냥 놔두고 다스리지 않고 있던 차에, 왜적이 갑자기 쳐들어오자 옷과 갓을 거꾸로 입는 듯 쓰는 듯 허둥지둥하여 나라 전체가 경황이 없었다. 본도(本道: 함경도)를 산천이 험하고 높은 데다 도로에서 멀리 떨어져 있다고 하여, 무릇 사대부뿐 아니라 왕자군(王子君: 임해군과 순화군) 두 분 및 왕자군을 모시고 온 영부사(領府事: 김귀영)·부원군(府院君: 황정욱)·승지(承旨: 황혁) 등이 왜변(倭變)을 피하고자 끝내 이 성에 들어왔거늘, 왜적이 부령(富寧)에서 곧장 쳐들어온다는 기별을 위의 국경인 또한 들어서 알고 왜적의 장수에게 아첨하고자 그의 도당들을 시켜 왜적에게 공을 세우도록 하였다. 그리하여 몰래 친군위(親軍衛) 김세언(金世彦)·역자(驛子: 역졸) 이충경(李忠卿)·관노(官奴) 승수(承水)에게 관노(官奴) 경이(京伊) 및 그가 알고 있는 잡류(雜類: 雜色軍) 등을 데리고서 왕자군 두 분과 그 부인들 및 영부사·부원군·승지 등과 그 부인들을 각기 그 처소로 밤을 틈타 돌입하도록 하여 불의에 붙잡아 결박해 군영(軍營)에 단단히 가두어 두었다.

그때 부사(府使: 회령 부사 文夢軒)의 판관(判官: 회령 판관 李琰)이 손을 쓸 수 없도록 하고 군사들의 위용을 성대하게 펼쳤는데, 부사의 군관 전 만호(前萬戶) 이힘(李㬥)·내금위(內禁衛) 심녁신(金德新)·판관의 군관 최덕흥(崔德興) 및 회령부(會寧府) 조방장(助防將)과 우후(虞候)의 군관 장응별(張應鱉)·정인신(鄭仁信) 등과 회령부의 하인

출처: 전북도민일보

들, 지난날 꺼리고 싫어했던 향리(鄕吏) 공억복(貢億福)·관노 청룡
(靑龍) 등을 참수하여 위력을 떨쳐 보였다. 그 후로 왜적이 고풍산(古
豊山)에 도착하자, 회령의 반란 아전 국경인 또한 왕자들을 붙잡아서
가두어 두었다고 왜장이 있는 곳으로 그의 친한 향리(鄕吏) 임민(林岷:
林珉)을 급히 보내어 알렸다.

　　그때는 성안의 군사와 백성들이 모두 피난하여 산으로 들어간 것

으로 인하여 향소(鄕所) 등도 위로는 관원이 없고 아래로는 군사와 백성들이 없었으므로, 입산(入山)하였다가 왜적이 성으로 들어왔다고 하여 그 뒤에 되돌아올 때 군사와 백성들이 천천히 돌아왔다. 얼마 전 반란을 일으켰던 아전 국경인 또한 왜장에게 명예를 요구하여 판형(判刑)이라는 두 글자의 명칭을 받아 성안에서 제 마음대로 권세를 부리며 자기 자신의 도당들을 불러 모을 계획을 세웠고, 또 권위나 내세워 제멋대로 무고한 군사와 백성 10여 명의 목을 베었다. 살아있는 백성들이 손을 쓸 수 없도록 하니 날마다 노상에서 눈짓으로만 대화하는 일이 많아지므로 향소(鄕所)·교생(校生)·군민(軍民) 등이 비록 원통하고 분한 뜻이 있을망정 또한 그의 위세에 겁내어 감히 손을 쓰지 못하던 차, 김세언(金世彦)·이충경(李忠卿)·승수(承水)·경이(京伊)·한복(漢福) 등은 기회를 틈타 그들의 목을 베었다.

국경인과 정말수의 반란

　반적의 괴수 국경인 또한 위세가 당당한데다 족속들이 삼대같이 많아서 기회를 엿볼 만한 틈조차 없었으므로, 김세언 등의 벤 머리를 여러 진영(鎭營)에 효시하려고 해도 할 수가 없었다. 도(道)의 관문(關文: 공문)에 의병 뽑아 보내는 일을 거듭해서 분부하였지만, 국경인 또한 그 관문을 내버려 두고 염두에 두지 않으면서 한 번도 뽑아 보내지 않자, 온 고을의 군사와 백성들이 그가 의병 보내지 않는 것을 분개하였다. 한 곳에 다 함께 모여 군사들의 위용을 크게 펼쳤는데, 앞의 반란 아전 국경인 및 함께 모의하여 반란을 일으킨 그의 처남, 내노(內奴: 內需司 노비) 박림(朴林)·금림(金林), 그의 의붓아들 최인수(崔麟水)뿐 아니라 김윤복(金允福)·오복수(吳福水), 노복(奴僕) 언준(彦俊) 등을 한꺼번에 서로 싸워서 활을 쏘아 죽이고 그날 그들의 목을 베었다. 국경인은 손발을 자르고 박림 등은 목을 베어 모두 7개의 머리를 품관(品官)·색리(色吏) 등에게 주어서 모두 함에 넣어 보내고 의병도 내일 뽑아 보내려니와, 반란 아전 국경인을 붙잡을 때 공을 세운 사람들을 정연하게 등급을 나누고 책을 만들어 올린다."라는 뜻인 첩정(牒呈)이었습니다.

　배후의 흉포한 적을 비록 이미 죽였을지라도 눈앞의 반도(叛徒)들이 여전히 왜적의 세력을 끼고 있는 까닭에 명천(明川)을 먼저 평정하고 난 다음에 길주(吉州)를 도모하기로 생각하던 차, 명천의 품관 및 시골 백성들이 수백 명 모여서 길을 나누어 불시에 습격하였는데, 반적(叛賊: 제 나라를 배반한 역적)들이 성을 차지하고서 화포를 많이 쏘니 오합지졸들로서 바로 그 즉시 무너져 뿔뿔이 흩어졌다고

하므로, 신(臣)은 오촌 권관(吾村權管) 구황(具滉)·안원 권관(安原權
管) 강문우(姜文佑)를 보내어 각기 정예 기병 30명을 거느리도록 하
였습니다.

신(臣)의 군관 경원(慶源) 전 별감(前別監) 정응복(鄭應福)·경성(鏡
城) 친군위(親軍衛) 전덕룡(全德龍) 및 종성 부사(鍾城府使) 정현룡(鄭
見龍)의 군관 경성(鏡城) 토급제(土及第: 향시 합격자) 박은주(朴銀柱)·
서얼(庶孼) 정시룡(鄭時龍) 등이 명천으로 가서 반적을 토벌하는데
자원하여 밤낮으로 달려 명천에 이르자, 말수(末秀) 또한 스스로 형
세가 급박한 것을 알고서 몸에 병기를 차고 산골짜기에 숨어 지내는
것을 뒤쫓아 깊은 산골짜기에 이르렀습니다. 경성(鏡城)의 토병(土
兵) 전덕인(全德仁)이 먼저 그의 자취를 찾아내니, 본부(本府: 명천부)
영군사(營軍士) 김천년(金千年)을 산 채로 잡아 결박하고, 아울러 그
의 도당(徒黨) 경성(鏡城) 내노(內奴: 내수사 노비) 논손(論孫)·명천 관
노 문형(文亨)·정배죄인(定配罪人) 장응호(張應豪) 등의 목을 베어
군중(軍中)에 효시하였으며, 나머지 도당들이 사방으로 흩어져 왜적
에게 투항하거나 산골로 숨어서 이때까지 미처 모조리 잡지는 못하
였습니다.

지난번 회령에서 주벌한 국경인(鞠景仁) 및 명천의 말수(末秀: 鄭末
守)는 머리며 손과 발을 모두 함에 담아 보내고, 그 나머지 목을 벤
13급(級)은 산길이 인 네나 눈 쌓여서 수송하기 매우 어려우므로 부득
이하게 왼쪽 귀를 베고 소패(小牌: 호패)에 이름을 써서 올려보냅니다.
역적(逆賊)의 재산은 법으로 보아 당연히 몰수하고 기록하여 아뢰어

서 처치함이 마땅한 일이되, 오직 명천부(明川府)의 곳간이 탕진된 나머지 뿔뿔이 흩어진 백성들을 불러 모아 격려하거나 위로해야만 하나 군중(軍中)의 상격(賞格: 시상 규정)에 임시로 쓰려고 하니 황공하기 그지없으며, 논밭과 노비 및 집은 응당 장계(狀啓)로 아뢰겠지만 반적들을 잡아서 죽인 사람들에게 지급할까 생각하거니와, 앞의 두 반적(叛賊: 국경인과 말수)은 하찮은 왜놈들에게 특별히 제일이었으니 적을 토벌한 사람들의 등급을 나누어 공을 기록하는 것은 자질구레할까 염려스러운데다, 새로 모집한 군졸들은 만약 깜짝 놀랄 조치가 없으면 메아리처럼 호응하게 하기가 매우 어려울 것이므로 이어서 외람되이 성상(聖上)에게 아룁니다.

두 역적의 머리를 바치고 난 후에 남도와 북도가 비로소 통하니, 온성(穩城) 이남의 진영(鎭營)과 보루(堡壘)에서 군사를 징발하여 차츰차츰 왔으나 오직 경원(慶源)의 군사만 지금 방어할 곳에 미처 도착하지 않았습니다. 진보(鎭堡: 진영과 보루)의 제장(諸將)들이 밖으로 오는 적의 침입으로부터 경성(鏡城)을 지켰다는 기별을 듣고 혹은 북관(北關)으로부터 남쪽으로 나오고 혹은 남쪽으로 길 떠났다가 북쪽으로 되돌아왔는데 모두 경성(鏡城)으로 들어와 신(臣)의 지휘를 받고 있거니와, 방원 만호(防垣萬戶) 한인제(韓仁濟)·동관 첨사(潼關僉使) 이응성(李應星)·영건 만호(永建萬戶) 정예국(鄭禮國)·보로지 권관(甫老知權管) 류대남(柳大男)·고령 첨사(高嶺僉使) 류경천(柳擎天)·보화보 권관(寶化堡權管) 이언상(李彦祥)·삼삼파 만호(森森坡萬戶) 한대방(韓大防)·장군파 만호(將軍坡萬戶) 오대령(吳大另: 吳大男

의 오기인 듯)·조산 만호(造山萬戶) 인원침(印元忱)·어유간 만호(魚游澗萬戶) 방우주(方佑周)·세천 권관(細川權管) 박예범(朴禮範) 등이 차츰차츰 와서 모였으며, 사절동 권관(斜口洞權管) 고경민(高敬民)은 순찰사 관자(關字: 공문)를 가지고서 별해(別害: 별해보)로부터 도착하였고 병조 좌랑(兵曹佐郞) 서성(徐渻)·정배 죄인(定配罪人) 나덕명(羅德明)이 성 밖의 마을에 있으면서 마을의 군정(軍丁: 군역 의무가 있는 장정)을 타일러 지금에는 모두 성으로 들어오게 하였습니다.

육진(六鎭)은 한번 왜적을 겪은 후로 병장기와 창고 곡식이 열에 한둘이 남았을지라도 제각각 봉하여 닫아두었을 뿐이고, 말은 모조리 왜적에게 빼앗겼으므로 실어 보내어 서로 융통할 상황이 아닙니다.

경성(鏡城)은 다행히도 장전(長箭: 긴 화살)과 편전(片箭: 짧은 화살)이 각각 700여 부(部)와 1천 명이 반년 동안 먹을 양식이 있었으므로, 모은 군사 1,700명 안에 타고을의 군사는 산료(散料: 월급)를 관(官)에서 지급하고, 본부(本府: 경성부) 사람은 모두 스스로 마련하여 먹도록 하였습니다. 대개 전후로 본토박이들을 두세 번 길주(吉州) 성안으로 들어가 적의 허실을 살피게 하였는데, 적도(賊徒) 1만여 명이 관청과 민가에 나뉘어 차지하고, 성안에는 따로 해자(垓子)를 깊게 하고 보루(堡壘)를 높이 쌓아 밤낮으로 망을 보고 야경을 돈다고 하니, 경솔하게 움직이다가 욕을 보게 될까봐 아주 충분하게 자세히 헤아리고 모쪼록 형세를 보아서 기습하여 먼저 적의 날카로운 기세를 꺾은 뒤로 일거에 모조리 섬멸하고, 다음으로 영동(嶺東)·단천(端川)에 이르고자 계획한 일인 만큼 이러한 연유로 아룁니다.

만력 20년 임진년(1592) 10월 14일

誅叛賊會寧鞫景仁明川末秀等狀啓。

臣與鍾城府使鄭見龍, 共謀集兵緣由, 已爲由水路, 狀啓爲白
有在果[1], 風濤盜賊之間, 恐未得達爲白乎去[2], 更良[3]陳達爲白在
果[4]. 狀啓未盡辭緣, 及近日措置事段, 臣初與李聖仁[5]及慶源府
使吳應台等, 入鏡城, 曉喩軍民, 以爲共守之計爲白良置, 民惑已
甚, 百不一信叱分不喩, 京來將士, 亦無固志, 多欲南出乙仍于,
不得已各散, 或向山路, 或向海道, 欲達官軍。臣來在海村, 爲乘
舟次, 適聞道路傳言, 具滉等持巡察使關字, 北還之奇爲白遣.

---

1 爲白有在果(위백유재과): 이두 표기. ~하였삽거니와.

2 爲白乎去(위백호거): 이두 표기. 爲白乎可. ~하온가.

3 更良(갱량): 갱세아. 거듭. 다시.

4 爲白在果(위백재과): 이두 표기. ~하옵거니와.

5 李聖仁(이성인): 李聖任(1555~?)의 오기. 본관은 全州, 자는 君重, 호는 月村.
  太祖의 7대손이며, 아버지는 李潤이다. 1583년 聖節使의 書狀官으로 명나라에
  다녀왔고, 이듬해 암행어사로 파견되어 안산 군수 洪可臣과 삭녕 군수 曺大乾
  이 선치가 있음을 아뢰어 승진하도록 하였다. 1590년 담양 부사가 되었으며,
  1592년 임진왜란이 일어나자 자청하여 경상도 관찰사가 되어, 몸소 군사를 모집
  하여 왜적을 토벌하려 하였으나 전선이 막혀 뜻을 이루지 못하고 돌아왔다. 곧
  순찰부사가 되어 민병 800여 명을 거느리고 전선으로 나아가 참찬 韓應寅의
  군무를 도왔으나, 임진강의 방어선이 무너져 사태가 급박하여지자 패주하였다.
  패주한 죄로 사헌부의 탄핵을 받아 한때 파직당하였으나, 1594년 강원 감사·
  길주 목사·황해도 관찰사가 되었다.

臣卽通于鄭見龍, 謀與土人及諸鎭將, 入據鏡城。庭集城中軍民, 諭以國家中興, 回心討賊之義, 帖召遠近兵馬, 以爲討叛滅倭之 計爲白良置。賊勢方張, 人心疑懼, 非但應募無幾叱分不喩。會 寧叛吏鞠景仁段, 受倭官稱判刑, 威制一府, 以塞六鎭徵兵之路, 潛通倭賊, 常爲挾擊鏡城之計爲白遣, 明川[6]寺奴末秀段, 稱大將, 用傳令, 輸載絡繹[7], 締結吉州之倭, 屠殺土豪, 以遏義旅之興爲 白乎等以[8]。鏡城守禦, 孤弱不振, 胡倭挾勢, 南北有叛, 僅僅支 保, 死守是計爲白有如乎。本月初二日, 會寧鄕所[9]牒呈[10]內, 本 府居鄕吏鞠景仁, 亦本是頑惡之人, 以平時用事之日, 多般作惡 爲白良置, 非大段事是乎等用良[11], 置而不治爲如乎次節[12], 倭賊 猝發, 衣冠顚倒, 京外[13]遑遑。本道乙山川險高, 道路隔遠是去[14], 凡干士大夫是沙餘良[15], 王子君兩分及陪來領府事・府院君・承

---

6 明川(명천): 함경북도 동남부에 있는 고을. 동쪽과 남쪽은 동해, 서쪽은 길주군, 북쪽은 경성군과 접한다.

7 絡繹(낙역): 왕래가 끊이지 않음.

8 爲白乎等以(위백호등이): 이두 표기. ~하사온 바로.

9 鄕所(향소): 조선시대 각 고을 守令의 자문 기관으로서 수령을 보좌하고 풍속을 바로 잡고 鄕吏의 부정을 규찰하며, 국가의 政令을 민간에 전달하고 民情을 대표하는 자치 기구.

10 牒呈(첩정): 조선시대 하급 관아에서 상급 관아로 올리는 공문서.

11 是乎等用良(시호등용량): 이두 표기. ~이온 바로써.

12 爲如乎次節(위여호차절): 이두 표기. ~하다는 차에.

13 京外(경외): 나라 전체.

14 是去(시거): 이두 표기. ~인가.

旨等, 欲避倭變, 委入此城爲有去乙[16], 倭賊自富寧[17]直入之奇乙,
上項鞠景仁, 亦聞知爲遣[18], 欲媚倭將, 使其徒立功於倭賊爲乎
矣[19]。陰令親軍衛金世彦, 驛子李忠卿, 官奴承水, 官奴京伊及其
矣[20]所知雜類[21]等, 率良尒[22], 同王子兩分及夫人與領府事・府院
君・承旨等夫人敎是等乙[23], 各其所在處, 乘夜突入, 不意執捉結
縛, 堅囚軍營爲遣。其時, 府使判官[24], 以使不得下手, 盛陳軍威,
府使軍官前萬戶李涵, 內禁衛金德新, 判官軍官崔德興及府助防
將虞候軍官張應鰲・鄭仁信等及府下人, 前日有嫌爲在[25], 鄕吏
貢億福・官奴靑龍等, 斬首示威。後倭賊到古豐山爲有去乙, 同
叛吏鞠景仁, 亦王子執捉拘留是如[26], 倭將處, 其矣所厚鄕吏林

---

15 是沙餘良(시사여량): 이두 표기. ~이나마. ~일 뿐더러.

16 爲有去乙(위유거을): 이두 표기. ~하였거늘.

17 富寧(부령): 함경북도 북동부에 있는 고을. 동쪽은 동해와, 서쪽은 무산군, 남쪽
    은 경성군・청진시, 북쪽은 회령군・종성군・경흥군과 접한다.

18 爲遣(위견): 이두 표기. ~하고.

19 爲乎矣(위호의): 이두 표기. ~하오되.

20 其矣(기의): 이두 표기. 그 사람의.

21 雜類(잡류): 雜類軍. 조선 초기 雜色軍의 별칭. 잡류군은 중종실록이나 선조실
    록에서만 그 용례가 발견된다.

22 良尒(양며): 이두 표기. ~이기로.

23 敎是等乙(교시등을): 이두 표기. ~분들을.

24 判官(판관): 회령 판관 李琰을 가리킴.《大東野乘》의〈寄齋史草 下・壬辰日錄
    四〉에 언급되어 있으나 구체적인 인적 정보는 알 수 없다.

25 爲在(위재): 이두 표기. ~한.

26 是如(시여): 이두 표기. ~이라고.

岷[27], 以馳告爲乎矣。其時段, 城中軍民, 竝只[28]避亂入山乙仍于, 鄕所等段置, 上無官員, 下無軍民是乎等用良, 亦爲[29]入山爲有如可[30], 倭賊入城, 後還來爲乎亦中[31], 軍民等徐徐還來爲良置[32]。向前[33]叛吏鞠景仁, 亦要名於倭將, 受判刑二字之名, 擅權於城內, 逞一己嘯聚之計, 又立威權, 恣斬無辜軍民十餘名。使生存之民, 不得下手, 日增道路耳目[34]是乎等用良, 鄕所・校生・軍民等, 雖有痛憤之志, 亦怯於積威, 莫敢下手爲有如乎次[35], 金世彦・李忠卿・承水・京伊・漢福等段, 乘機斬首爲有乎矣[36]。同賊首鞠景仁, 亦威勢堂堂, 族類如麻, 乘機無隙是置有等以[37], 上項金世彦等斬首乙, 梟示列鎭, 不得爲有如乎[38]。道關內, 義兵抄送事。再

---

27 林岷(임민): 黃景源의 《江漢集》 13권 〈神道碑・嘉善大夫全州府尹全州鎭兵馬節制使贈崇政大夫議政府左贊成兼判義禁府事弘文館大提學藝文館大提學知經筵春秋館成均館事五衛都總府都總管忠毅鄭公神道碑銘〉에는 林珉으로 되어 있음.

28 竝只(병지): 이두 표기. 모두. 함께.

29 亦爲(역위): 이두 표기. ~라고 하여.

30 爲有如可(위여가): 이두 표기. ~하였다가.

31 爲乎亦中(위호역중): 이두 표기. ~하온 때에.

32 爲良置(위량치): 이두 표기. ~하여도.

33 向前(향전): 이두 표기. 지나간 때. 얼마 되지 않는 과거의 그때.

34 道路耳目(도로이목): 道路以目의 오기인 듯. 학정에 대한 불만이 있어도 벌을 받는 것이 무서워서 공공연히 비난 못하고 노상에서 눈짓으로 의사를 소통함.

35 爲有如乎次(위유여호차): 이두 표기. ~하였다고 하는 차에.

36 爲有乎矣(위유호의): 이두 표기. ~하였으되.

37 是置有等以(시치유등이): 이두 표기. ~이기도 하였으므로.

再分付爲有乎矣, 上項鞠景仁, 亦道關乙, 置之度外, 一不擧行爲
去乙³⁹, 一邑軍民, 慎其義兵不送, 咸聚一處, 大陳軍威, 向前叛
吏鞠景仁及同謀作亂爲如乎⁴⁰ 其矣妻娚, 內奴⁴¹朴林·金林, 其
矣義子崔麟水是沙餘良, 金允福·吳福水, 奴彦俊等, 一時相戰
射殺, 同日斬首爲乎矣。鞠景仁段, 處斬手足, 朴林等段斬首, 合
七首乙, 品官⁴²·色吏⁴³等準授, 竝只函送爲遣, 義兵段置, 來明
日, 抄送爲在果⁴⁴, 叛吏鞠景仁, 執捉時功勞人等乙, 秩秩分等成
冊, 上道爲白臥乎味⁴⁵, 牒呈是白有亦⁴⁶。背後劇賊⁴⁷, 雖已就戮,
目前叛豎, 尙挾倭勢乙仍于, 先定明川, 次圖吉州計料次, 明川品
官及村民等, 相聚數百, 分道掩襲爲白如乎⁴⁸, 叛賊據城, 多放火
炮, 烏合之衆, 旋卽潰散是如爲白去乙⁴⁹, 臣遣吾村權管具滉, 安

---

38 爲有如乎(위유여호): 이두 표기. ~하였다는.

39 爲去乙(위거을): 이두 표기. ~하거늘.

40 爲如乎(위여호): 이두 표기. ~하더니.

41 內奴(내노): 內需司 노비. 내수사는 왕실에서 쓰는 미곡, 포목, 잡화와 더불어
    궁 소속의 노비 등을 맡았다.

42 品官(품관): 품계만 가진 벼슬아치.

43 色吏(색리): 감영 또는 郡衙 등의 아전.

44 爲在果(위재과): 이두 표기. ~하거니와.

45 爲白臥乎味(위백와호미): 이두 표기. ~하옵는 뜻.

46 是白有亦(시백유역): 이두 표기. ~이었사와요.

47 劇賊(극적): 범행의 규모가 큰 도둑.

48 爲白如乎(위백여호): 이두 표기. ~하삽더니.

49 是如爲白去乙(시여위백거을): 이두 표기. ~이라고 하옵거늘.

原權管姜文佑, 各率精騎三十名。臣矣軍官慶源前別監鄭應福,
鏡城親軍衛全德龍及鍾城府使鄭見龍軍官鏡城土及第[50]朴銀柱,
庶擘鄭時龍等, 自願往討, 晝夜幷行, 比到明川, 則同末秀亦自知
勢窮, 身佩戎器, 竄據山谷爲白有去乙, 追至深山。鏡城土兵全
德仁, 先得其蹤, 本府營軍士金千年執縛生擒, 幷捉其黨鏡城內
奴論孫, 明川官奴文亨, 定配人張應豪等斬首, 梟示軍中爲白遣,
餘黨四散, 或投倭賊, 或竄山間, 時未盡捕爲白有齊。向前會寧
所誅鞠景仁及明川末秀段, 頭及手足, 竝只函送爲白遣, 自餘斬
馘十三級段, 山路氷雪, 輸送甚難乙仍于, 不得已左耳割取, 小牌
書名, 上送爲白齊。逆賊財産, 法當籍沒[51], 所當錄啓處置事是白
乎矣, 唯只[52]府庫板蕩之餘, 召募散民, 勸勵慰悅次, 以權用於軍
中賞格[53], 不勝惶恐爲白乎旀, 田民家舍段, 從當啓聞[54], 給付捕
討人爲乎乙去[55], 計料爲白在果, 向前兩賊, 特一幺麽小竪良中[56],
討賊人分等錄功, 恐涉煩瑣爲乎矣, 新集之卒, 若無聳動之擧, 則
響應甚難, 弦如[57]冒瀆上聞爲白齊。兩逆授首之後, 南北始通, 穩

---

50 土及第(토급제): 鄕試에 합격한 사람.

51 籍沒(적몰): 중죄인의 소유 재산을 모두 관의 장부에 등록하여 몰수함.

52 唯只(유지): 이두 표기. 오직. 다만.

53 賞格(상격): 공로의 크고 작음에 따라서 상을 주는 규정.

54 啓聞(계문). 조선시내 지방 상관이 중앙에 上奏하던 일.

55 爲乎乙去(위호을거): 이두 표기. ~하올까. 爲乎乙可.

56 良中(양중): 이두 표기. ~에게. ~에서.

57 弦如(현여): 이두 표기. 이어서. 줄달아. 뒤따라.

城以南, 鎭堡徵兵, 稍稍來到, 唯只慶源軍, 時未到防爲白齊。鎭
堡諸將等, 聞鏡城守禦之奇, 或自北關[58]南出, 或自南程北還, 皆
入鏡城, 受臣節制爲白在果, 防垣[59]萬戶韓仁濟[60]·潼關[61]僉使李
應星[62]·永建[63]萬戶鄭禮國[64]·甫老知[65]權管柳大男[66]·高嶺[67]僉使
柳擎天[68]·寶化堡[69]權管李彦祥[70]·森森坡[71]萬戶韓大防[72]·將軍

---

58 北關(북관): 함경도의 마천령을 경계로 그 북쪽을 이르는 말. 그 남쪽은 南關이
라 한다. 吉州로부터 그 이북의 明川·鏡城·富寧·鍾成·茂山·會寧·穩城·
慶源·慶興에 이르는 10개 고을이 포함된다.

59 防垣(방원): 防垣堡. 함경북도 종성도호부에 소속된 萬戶鎭.

60 韓仁濟(한인제, 생몰년 미상): 본관은 淸州, 자는 濟仲. 방원 만호로서 中衛將
이 되어 北鎭에 있는 적을 6번이나 격파하였다.

61 潼關(동관): 潼關鎭. 함경북도 종성군 종성면 동관동에 있던 옛 鎭.

62 李應星(이응성, 1543~1609): 본관은 咸平, 자는 明仲. 1583년 별시 무과에 급
제하였다.

63 永建(영건): 永建堡. 함경도 온성의 補靑浦, 積石峰에 군사적 목적으로 수축한
석성.

64 鄭禮國(정예국, 1547~?): 본관은 羅州, 자는 君則. 1584년 별시 무과에 급제하
였다.

65 甫老知(보로지): 甫老知堡. 함경도 경성부에 설치한 군사시설 堡.

66 柳大男(류대남, 1558~?): 본관은 文化, 자는 敬承. 1583년 별시 무과에 급제하
였다.

67 高嶺(고령): 高嶺鎭. 함경북도 회령부에 속한 僉節制使鎭.

68 柳擎天(류경천, 1543~1594): 본관은 文化, 자는 重如. 1592년에 임진왜란이
일어나자, 당시 高靈僉制使로 방어를 튼튼히 하고 있다가, 마침 北評事 鄭文
孚가 의병을 일으키자 이와 합세하여 크게 이겼다. 그 공으로 경원 부사로 승진
되었으며, 右衛將을 겸하기도 하였다. 이어서 벌어진 石嶺戰鬪에서도 커다란
전과를 거두었고, 나아가 長坪에서는 적을 무찔러 패주시켰다. 雙介浦戰鬪에서
는 작은 병력으로 적을 유인하여 대승을 거두었고, 白塔에서는 대적을 협공하여

坡⁷³萬戶吳大另⁷⁴·造山⁷⁵萬戶印元忱⁷⁶·魚游澗⁷⁷萬戶方佑周⁷⁸·
細川⁷⁹權管朴禮範⁸⁰等, 次次來會爲乎旀⁸¹, 斜口洞權管高敬民
段, 持巡察使關字, 自別害⁸²來到爲白遣, 兵曹佐郎徐渻⁸³·定配

몰살시켰다.

69 寶化堡(보화보): 함경북도 만하성 지역에 있던 堡.

70 李彦祥(이언상, 1560~?): 본관은 咸安, 자는 仁瑞. 1585년 식년시 무과에 급제
하였다.

71 森森坡(삼삼파): 森森波堡로도 표기. 함경북도 경성부에 속한 堡.

72 韓大防(한대방, 1537~?): 본관은 保安, 자는 士閑. 1583년 별시 무과에 급제하
였다.

73 將軍坡(장군파): 將軍坡堡. 함경도 명천부에 설치한 군사시설 堡.

74 吳大另(오대령):《宣祖修正實錄》1592년 9월 1일 20번째 기사에 의하면, 吳大
男으로 표기됨. 구체적 인적 정보는 알 수 없다.

75 造山(조산): 造山堡. 함경도 경흥 관내의 조산에 설치한 口子堡.

76 印元忱(인원침, 1564~?): 본관은 喬桐, 자는 明擧. 1583년 별시 무과에 급제하
였다.

77 魚游澗(어유간): 魚游澗堡. 함경북도 경성부에 속한 堡.

78 方佑周(방우주, 1549~?): 본관은 盈德, 바는 元老. 1579년 식년시 무과에 급제
하였다.

79 細川(세천): 細川堡. 함경북도 종성부에 속한 堡.

80 朴禮範(박예범, 1566~1629): 본관은 蔚山. 아버지는 朴鵬이다.

81 爲乎旀(위호며): 이두 표기. ~하며.

82 別害(별해): 別害堡. 함경남도 삼수군에 속한 僉節制使鎭.

83 徐渻(서성, 1558~1631): 본관은 達城, 자는 玄紀, 호는 藥峯. 1586년 알성 문과
에 급제하고 兵曹佐郎을 거쳐 1592년 임진왜란이 일어나자 왕을 扈從, 號召使
黃廷彧의 從事官으로 咸北에 이르러 황정욱 등이 두 왕자와 함께 적의 포로가
될 때 홀로 탈출했다. 왕의 명령으로 行在所에 이르러 兵曹正郎·直講이 되고,
明將 劉挺을 접대했다. 그 후 암행어사로서 三南을 순찰, 돌아와 濟用監正에
특진되고 경상도·강원도·함경도·평안도·경기도의 관찰사를 역임, 후에 호조·

人羅德明[84], 在外村, 曉喩村居軍丁爲白如乎, 節段[85]猷只入城爲
白有齊。六鎭一經倭賊之後, 軍器倉穀, 僅餘十分之一二爲白良
置, 各自封閉叱分是白遣[86], 馬匹盡歸倭賊乙仍于, 無有轉運相通
之勢爲白齊。鏡城段, 幸有長片箭各七百餘部, 千人半年之糧爲
白乎等以, 聚軍千七百餘名內, 他官軍段, 官給散料[87], 本府人段,
猷只自備以食爲白齊。大槪前後使土人, 再三入吉州城中, 覘賊
虛實爲白乎矣[88], 賊徒萬餘, 分據公私廨, 城內別作深溝高壘[89],
晝夜候望巡更[90]爲白去等[91], 輕擧見辱爲白乎去, 百分詳量, 某
條[92]觀勢出奇, 先挫銳氣, 然後一擧盡殲爲白遣, 次及嶺東 · 端川

형조 · 공조의 판서와 判中樞府事를 지냈다. 1613년 癸丑獄事에 연루되어 11년
간 유배되었다가 1623년 인조반정으로 형조와 병조의 판서가 되었고, 1624년
李适의 난과 1627년의 정묘호란에 각각 인조를 호종했다.

84 羅德明(나덕명, 1551~1610): 본관은 羅州, 자는 克之, 호는 嘯浦 · 龜菴. 아버
지는 羅士忱이다. 1579년 진사시에 합격하여 의금부 도사가 되었다. 1589년 정
여립 사건이 일어나 柳夢井 등이 처형되고 鄭介淸 등이 유배되자 그 여파로
鏡城에 유배되었다. 때마침 회령 사람 鞠景仁 등이 난을 일으켜 臨海君 · 黃廷
彧 등을 인질로 잡고 왜군과 내통한 사건이 발생하자 北評事 鄭文孚 등과 의병
을 모집, 반란군 토벌을 도왔으며 정유재란이 끝난 뒤에는 고향에서 여생을 보
냈다.

85 節段(절단): 이두 표기. 지금인즉.

86 叱分是白遣(질부시백견): 이두 표기. 뿐이옵고.

87 散料(산료): 祿科를 다달이 나누어 주던 일.

88 爲白乎矣(위백호의): 이두 표기. ~하옵되.

89 深溝高壘(심구고루): 해자를 깊게 하고 보루를 높이 쌓아 견고하게 방어함.

90 巡更(순경): 밤에 도둑이나 화재 따위를 경계하기 위하여 돌아다님.

91 爲白去等(위백거등): 이두 표기. ~하옵거든.

計料爲白臥乎事是良旀, 詮次以善啓向敎是事。

　　　　　　　　　萬曆二十年壬辰十月十四日。

92　某條(모조): 이두 표기. 모조록.

03

반역자 경성 국세필을
주벌한 장계

북도(北道: 함경북도)는 왜적이 침범한 뒤로부터 남쪽으로 가는 길이 막혀 끊어지자, 다시 나라가 있을 줄 모르고 난민(亂民: 반란인)들은 자신들의 고을 수령을 결박하거나 반졸(叛卒: 반란군인)들은 자신들의 진영(鎭營) 장수들을 쫓아버리고서 제각기 스스로 장수(將帥)라 칭하며 왜적들을 맞이하였습니다.

경성(鏡城)의 관노(官奴) 국세필(鞠世弼) 또한 회령(會寧) 반란 아전 국경인(鞠景仁)과 동성 삼촌(同姓三寸) 숙부로 조카와 공모하여 회령의 반란을 일으키고서 왜적으로부터 체백(體伯: 체찰사)의 벼슬을 받아 왜적과 함께 살며 서로 한덩어리가 되어 그 위세로 온 경성부를 제압하였습니다. 왜놈들을 받들 뿐 아니라 여러 진장(鎭將) 및 경성(京城)에서 온 사인(士人) 가운데 산골짜기에 피난한 자들을 육진(六鎭)에 통문(通文)으로 알려서 붙잡고 왜적에게 보냈습니다.

왜적이 길주로 퇴각한 뒤에 신(臣) 및 이성임(李聖任) 등이 본부(本府: 경성부)에 들어와서 의병을 일으키기로 모의하던 차, 국세필은 오히려 왜적의 위세를 빌어 당여(黨與: 같은 편의 사람들)가 참으로 많아지자 배반하려는 꾀를 부려 의병 일으키는 일을 저지하였으므로, 신(臣) 등은 고립된 형세로 미약하여 능히 그를 죽여서 그의 시체를 여러 사람에게 보이지 못하고 각각 흩어져 남쪽으로 나가 관군에게 달려가기로 도모하였습니다. 그러한 때에 순찰사의 관자(關字: 공문)가 별해보(別害堡)로부터 도착하였는데, 이성임은 산길에서 우연히 보았고 신(臣)은 해정창(海汀倉)으로 와 있다가 도로에서 전하는 공문을 얻어 보았습니다.

품관(品官) 서수(徐邃)·이기수(李麒壽) 등이 먼저 메아리처럼 호응하여 경성(京城)에서 온 장사(壯士)들 및 토병(土兵) 수십 명과 함께 경성(鏡城)으로 들어가서 공격도 하고 수비도 하는 계획을 세웠습니다만, 이때의 인심은 이미 미혹되었고 임금의 덕화(德化)가 두루 미치지 못하는 때였습니다. 남쪽으로는 명천(明川)의 역수(逆豎: 寺奴 末秀)가 왜적 세력을 가까이 끼고 있는 데다 북쪽으로는 회령(會寧)의 반리(叛吏: 반란 아전 국경인)가 육진(六鎭)에 위세를 떨치고 있었는데, 국세필은 그들의 성세(聲勢)를 서로 의지하는 적이어서 은연히 한배를 탄 반적이 될 수 있었으니, 만약 권모술수의 말로 속여 그의 배반하려는 마음을 먼저 풀어주지 않는다면 이 지역에 뿌리박고 있던 늙은 적이 수완을 드러낼 염려가 없지 않으므로, 정다운 말로 알아듣도록 잘 타일러서 잘못을 버리고 오점을 씻으라는 뜻으로 깨우치며 부자

북관대첩 상황도

(父子: 국세필과 국생)의 공로를 적어서 공을 세워 죄를 면할 수 있는 실마리를 보였습니다. 한편으로 많은 부하의 의심하고 두려워하는 마음을 안정시켰고 다른 한편으로 회령에서 몰래 틈을 엿보는 길을 끊고는 회령(會寧)·명천(明川) 두 역적의 머리를 베어 바치니, 군사들의 기세가 차츰 진작되었고 규율도 점차 바로잡혔습니다. 천하에

용납되기 어려운 적이 훗날 법망을 빠져나갈 염려가 생길까 두려워, 이어 곧바로 군중(軍中)에서 목을 베어 효시(梟示)하고 머리와 손발을 함에 담아 보내며, 그의 아들 국생(鞠生)은 목을 베어 귀를 잘라서 올려보냅니다.

대개 난리를 겪게 된 뒤로 백성들에게 못하게 막거나 금하는 것이 없었으니, 혹은 왜적을 죽 끌어들여 촌마을 사람을 죽이거나 재물을 약탈하기도 하고 혹은 으슥한 산속의 초목이 우거진 곳에 서로 불러 모여서 대낮에 사람을 죽이기도 하는 것이 부지기수였습니다. 이제 나라가 다시 세워져 전형(典刑: 옛 법도)이 새로워지고 있음을 듣고서 사람들이 스스로 의심하는 마음을 품으면서도 자못 주위를 둘러보는 단서가 생겼을 뿐 아니라, 경성(京城)에서 온 장사(壯士)들 및 본토의 양민 등이 그들의 이미 지난 악행을 미워하여 혹 지탄하는 말을 한다고 하므로, 육진(六鎭)에서 징집된 군사들이 혹 죄를 두려워하여 오지 않는 자가 있으니 몹시 염려스럽다고 하였습니다. 신(臣)은 막하의 낮은 관리로서 마음대로 결정하기가 어렵거니와, 다만 일을 맡은 신하로서 부득이하게 죄를 탕감하는 명령을 임시로 행하였는데 그 괴수만 없애버리고 그의 위협에 따라간 자들을 용서하여 징집에 응하는 길을 넓혔습니다.

무릇 장계(狀啓)로 아뢰는 일도 이처럼 길이 막히는 때를 당하여 상달(上達)하기가 매우 어려워 장계를 받들어 가지고 갈 사람들은 자원하여 가려는 자를 모집하여 보내는 것이니, 은상(恩賞: 공을 기리어 임금이 내리는 상)은 중요한 일이므로 아래에서 감히 마음대로 처리할 수는 없을망정 그 무리의 공로는 감히 아뢰지 않을 수 없는 일인 만큼 이러한 연유로 아룁니다.

만력 20년 임진년(1592) 10월

誅叛賊鏡城鞠世弼狀啓.

北道, 自倭寇之後, 南路阻絶, 不復知有國家, 亂民縛其守宰, 叛卒逐其鎭帥, 各自稱將, 以迎倭賊爲白有如乎. 鏡城官奴鞠世弼, 亦以會寧叛吏鞠景仁同姓三寸叔父, 通謀會寧之變, 因受倭賊體伯之官, 與倭同處, 相爲表裏, 威制一府. 供奉倭奴叱分不喩, 諸鎭將及京來士人, 避亂山谷者乙, 通文六鎭, 捉致倭賊爲乎旀. 倭退吉州之後, 臣及李聖任等, 來入本府, 謀欲擧義次, 同世弼尙假倭威, 黨與寔繁, 逞其反側[1]之謀, 沮敗倡義之擧乙仍于, 臣等孤立勢單, 不能顯戮[2], 各散南出, 圖赴官軍爲白如乎. 節[3]巡察使關字, 自別害來到, 李聖任段遇於山路爲白遣, 臣段來在海汀[4], 得見道路傳書爲白齊. 品官徐遂·李麒壽等, 爲先響應, 謀

---

1 反側(반측): 두 가지 마음을 품고 다른 길로 감. 배반함.
2 顯戮(현륙): 죄인을 죽여서 그 시체를 여러 사람에게 보이던 일.
3 節(절): 이두 표기. ~시기. 경우. 이번. 명령.
4 海汀(해정): 海汀倉. 함경북도 城津郡에 있었던 미곡창. 이곳에서 함경북도병마절도사 韓克誠은 六鎭의 군대와 함경남도병마절도사 李瑛의 군사를 합쳐 도합 1,000여 명을 거느리고 일본군을 맞아 싸웠다. 처음에는 말타기와 활쏘기를 잘하는 北道兵의 善戰으로 일본군을 물리치는 듯하였으나 북병사의 성급한 전투 진행으로 도리어 그들의 작전에 말려들어 패전하고 富寧府使 元喜가 전사하

與京來將士及土兵數十人, 同入鏡城, 以爲攻守之計爲白良置,
當此人心已惑, 王化不究之日。南有明川逆豎, 近挾倭勢, 北有
會寧叛吏, 威行六鎭, 世弼以聲勢相倚之賊, 隱然爲舟中之敵是
白去等, 若非權謀紿說, 先釋其反側之心爲白在如中[5], 盤據[6]老
賊, 不無逞手之虞乙仍于, 溫辭開諭, 曉以棄過滌垢之意, 父子錄
功, 示以立功免罪之端。一以定群下疑懼之心, 一以絶會寧陰伺
之路爲白有如乎節, 會寧・明川兩逆授首, 軍勢稍振, 紀律漸張
爲白有去等。覆載[7]難容之賊, 恐有他日網漏之患, 絃如[8]卽於軍
中, 處斬梟示, 函送頭級手足爲白遣, 其子鞠生段, 斬首割耳, 上
送爲白齊。大槪經亂以來, 民無防禁, 或有連引[9]倭賊, 殺掠村家,
或有嘯聚山藪, 白晝殺越[10]者, 不知其數。今聞國家再造, 典刑維
新爲白遣, 人懷自疑, 頗有顧望[11]之端叱分不喩, 京來將士及本土
良民等, 嫉其旣往之惡, 或發指斥之言爲白乎等乙以[12], 六鎭徵

였다. 해정창은 城津市로 비정된다.

5 爲白在如中(위백재여중): 이두 표기. ~하옵신 때에.

6 盤據(반거): 땅을 굳게 차지하고 의거함.

7 覆載(복재): 하늘이 덮어주고 땅이 만물을 받쳐 싣는다는 의미로 天地를 이르
는 말.

8 絃如(현여): 이두 표기. 이어서. 연속하여.

9 連引(연인): 어떠한 일과 관계있는 것을 죽 끌어댐.

10 殺越(살월): 사람을 죽임.

11 顧望(고망): 주위를 둘러보는 것.

12 爲白乎等乙以(위백호등을이): 이두 표기. 爲白乎等以. ~하사온 줄로.

兵, 或有畏罪而不來者, 至爲可慮爲白昆[13]。臣以幕下小官, 擅便
爲難爲白在果, 最只當事之臣, 以不得已權行蕩滌之令, 除其首
惡, 捨其脅從, 以廣應募之路爲白乎旀。凡干啓聞事段置, 當此
路塞之時, 上達甚難, 陪持人等乙, 募其願往者, 起送爲白去乎[14],
恩賞重事, 非自下所敢擅請是白良置[15], 其矣徒等功勞段, 不敢不
達爲白臥乎事是良尒, 詮次以善啓向敎是事。

萬曆二十年壬辰十月日。

---

13 爲白昆(위백곤): 이두 표기. ~하옵기에.
14 爲白去乎(위백거호): 이두 표기. ~하옵기에.
15 是白良置(시백양치): 이두 표기. ~이옵셔도.

04

길주·장평에서
왜적을 격파한 장계

신(臣)이 경성(鏡城)으로 들어가 웅거한 뒤로부터 북쪽의 회령(會寧)과 남쪽의 명천(明川)에 있던 반적(叛賊)들이 앉아서 고립된 성만 지키고 변고를 일으키지 못하던 때에 두 역적의 머리를 바치자, 육진(六鎭)의 징집 병사들이 차츰차츰 모여들어서 지난 10월 21일 동관 첨사(潼關僉使) 이응성(李應星)을 유진장(留鎭將)으로 정해 임명하여 군사 700여 명을 이끌고서 경성(鏡城)을 지키도록 하고, 신(臣)은 군사 1천여 명을 이끌고 명천현(明川縣)으로 나아가 머물러 있던 중에 길주 목사(吉州牧使) 정희적(鄭熙績)·수성 찰방(輸城察訪) 최동망(崔東望)이 함께 와서 모였습니다.

왜적 1천여 명은 길주(吉州) 성안을 점거하고 300여 명은 길주의 남쪽 80리쯤 떨어진 영동(嶺東) 지역에 있으면서 서로 오가며 한덩어리가 되었는데, 더러는 10명씩 100명씩 떼거리를 지어 산골짜기에서 땔나무를 하기도 하고 더러는 병졸을 나누어 사방으로 나가 촌마을의 사람을 죽이거나 재물을 약탈하기도 하며 제멋대로 횡행하였으니 조금도 거리낌이 없었습니다.

신(臣)은 중위장(中衛將) 종성 부사(鍾城府使) 정현룡(鄭見龍)과 함께 경성(鏡城) 이북의 군사 1천여 명을 이끌고 명천(明川)에 머물러 있다가 정예병 400명을 가려 뽑아 두 운(運)으로 나누고 고참(古站: 古站) 지역으로 나아가 진을 치고서 요로(要路)에 복병을 설치하도록 하였으며, 좌위장(左衛將) 고령 첨사(高嶺僉使) 류경천(柳擎天)에게 길주(吉州)의 군사 1천여 명을 거느리고 해정창(海汀倉)으로 나아가 진을 치고서 약탈하는 적에 대해 정탐하도록 하였으며, 우위장(右衛將) 경원 부사(慶源府使) 오응태(吳應台)는 길주의 두 개 마을 및 서북보(西北堡)의 토병과 본보(本堡: 서북보)의 장수를 이끌고 보(堡)에 웅거하면서 정예병을 가려 뽑아 동네 어귀에 복병을 설치하고서 적들이 땔나무 하는 길을 차단하게 하였습니다.

신(臣)의 종사관(從事官) 전 인의(前引儀) 토급제(土及第: 본 고을 급제) 원충서(元忠恕)는 정예병 200여 명을 이끌고서 길주의 북쪽 30리쯤에 있는 아간창(阿間倉)으로 나아가 진을 치고 산에 올라 적을 엿보았을 때, 같은 달 30일 아침 일찍 왜적 1천여 명 정도가 깃발을 펄럭이며 성을 나가 해정창(海汀倉)의 가파리(加坡里)로 향하고 있었습니다. 원충서 또한 서둘러 각처의 복병장(伏兵將)들에게 치보(馳報)하고는 자기 부하들을 이끌고 곧바로 적들이 돌아갈 길에서 잠복하여 노리고 있었습니다. 왜적들이 마을의 집들을 분탕질하여 재물과 가축들을 노략질하고 부녀자들을 사로잡아서 오후에 되돌아왔습니다. 원충서는 그 적들과 접전하여 앞장선 두 왜적의 목을 베자 왜적들이 패해 퇴각하니 그 승세를 타고 추격하다가 왜적의 대군(大軍)을 만나게 되자, 그의 보졸(步卒: 보병)에게 산으로 올라가 험한 곳에 웅거케 하고, 자신은 정예병을 이끌고서 적이 후퇴하는 것을 막고자 뒤로 물러가 지켰습니다.

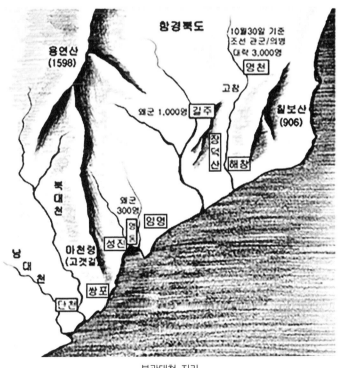

북관대첩 지리

그때 고참 복병장(古驂伏兵將) 방원 만호(坊垣萬戶) 한인제(韓仁濟)가 치보를 듣고 그 자리에서 장수와 군사들 300여 기병을 이끌고 2식(息: 60리쯤)의 거리를 내달려 원충서와 합세하여 협공하였습니다. 왜적은 여러 차례 승리한 것에 건방져서 누가 감히 앞서 달려갔겠는가라고 여기며 노략질한 짐바리를 싣고 길주를 향하였습니다. 괴수 정승(政丞)이라 일컬어지고 직정(直正)이라 불리는 자·감사(監司)라 일컬어지고 도관여문(都關汝文)이라 불리는 자 및 절도사(節度使)라 일컬어지나 이름을 알지 못하는 장수 등 5명이 날래고 용맹한 군사 400여 명을 이끌고서 죽기로 돌격하며 철환(鐵丸)을 때마침 쏘아대었습니다. 좌척후장(左斥候將) 오촌 권관(吾村權管) 구황(具滉)·우척후장(右斥候將) 안원 권관(安原權管) 강문우(姜文佑)·별장(別將) 옥련 만호(玉連萬戶) 안옥(安沃)·신(臣)의 종사관(從事官) 조산 만호(造山萬戶) 인원침(印元忱)·군관(軍官) 경원 토급제(慶源土及第) 황사원(黃嗣元)·종성 부사(鍾城府使)의 군관(軍官) 토급제(土及第) 박은주(朴銀柱) 등이 제각기 부하들을 이끌고 한꺼번에 왜적의 진법(陣法)을 뚫고 마부와 하인들도 용맹을 떨치지 않음이 없어 화살을 빗발치듯 쏘니, 왜적 등이 모두 말에서 내려 땅에서 싸웠으나 갑자기 돌격 기병(騎兵: 한인제의 군대)을 만나 신시 초(申時初: 오후 3시경)부터 날이 어둑어둑해질 때까지 양군이 들락날락 교전하다가 힘이 다하여서야 비로소 산으로 올라 달아났습니다.

마침 좌위 복병장(左衛伏兵將) 사절동 권관(斜口洞權管) 고경민(高敬民) 또한 부하들을 이끌고 산 위를 막은 데다 아군의 날래고 용맹한 군사들이 좌우에서 끼고 달려가며 곧장 가파른 산으로 올라가면서까지 10여 리를 추격하여 한 놈의 왜적 등에 화살 10여 개가 꽂히는 등 거의 다 섬멸하였는데, 장수 5명도 모두 화살을 쏘아 죽여서 목을 베었으며, 화살에 맞아 벼랑에서 떨어져 죽은 자가 그 수를 알지 못했으며, 사로잡힌 사람과 가축들도 전부 도로 빼앗았으며, 군대의 장비 및 기타 물건들도 아울러 획득하였습니다.

왼쪽 귀를 잘라낸 825개는 검사하고 봉하여 올려보내고, 말 118필은 각기 빼앗은 사람에게 주었으나, 환도(環刀)는 난군(亂軍: 규율이 잡히지 않은 군사)들이 제각기 차고 가버려서 지금 미처 죄다 찾아내지 못하였습니다. 깃발 29개, 갑옷 50벌, 투구 8벌, 창 16자루, 철환 646개, 약통(藥桶: 화약통) 15개 등 물건은 보관하고 있거니와, 대개 격전을 치른 데다 날이 어둑해져서 미처 낱낱이 귀를 베지 못했어도 화살을 맞은 채로 성에 들어가거나 산속으로 도망쳐 숨었다가 죽은 자가 그 수를 알지 못할 정도였습니다. 성안에 남아있는 적들은 그 수가 많지 않을 뿐만 아니라 모두 쇠잔하고 미약하다고 하므로, 내일모레 사이 한꺼번에 모조리 소탕할 계획입니다.

인심이 떠나서 뿔뿔이 흩어졌던 끝에 비로소 이처럼 적을 격파하였으니 마땅히 등급을 나누고 공적을 기록하여 군사들의 마음을 진작시켜야 할 것이로되, 일의 평정을 미처 다 마치기 전이라서 먼저 작은 공로를 기록하여 조정에 아뢰는 것은 사리에 온당하지 못한 탓으로 낱낱이 문서에 기록해두었다가, 일이 평정된 후에 장계로서 아뢸 것을 망령되이 생각합니다.

오직 지금 계본(啓本)을 받들어 가지고 가는 사람으로 경성(鏡城) 유생(儒生) 최배천(崔配天)은 당초에 의병을 일으켰을 때 처음부터 힘을 다하여 주선하였을 뿐 아니라 이번에도 자원하여 전쟁터에 나가서 왜적 1명의 목을 베었으며, 포구와 항구 사이에는 영적(零賊: 흩어진 왜적)이 그득하여 공적으로든 사적으로든 왕래할 즈음 혹시라도 사로잡힐까 하여 사람들이 기꺼이 가려 하지 않는데도 모집에 자원한 활쏘기가 능한 양인 이장춘(李長春)·동의절(董義節)과 향교 노복(鄕校奴僕) 억준(億俊)을 함께 떠나보내는 일인 만큼 이러한 연유로 아룁니다.

만력 20년 임진년(1592) 11월 1일

吉州長坪破倭賊狀啓。

自臣入據鏡城之後, 會寧·明川南北有叛, 坐守孤城, 未卽擧事爲白有如乎節, 兩逆授首, 六鎭徵兵, 稍稍來集爲白良沙, 去十月二十一日, 潼關僉使李應星乙用良[1], 留鎭將差定, 率軍七百餘名, 使守鏡城爲白遣, 臣率軍千餘, 進住明川縣爲白乎如中[2], 吉州牧使鄭熙績[3]·輪城[4]察訪崔東望, 并爲來會爲白齊。倭賊千餘

---

1 乙用良(을용량): 이두 표기. ~으로써.

2 爲白乎如中(위백호여중): 이두 표기. ~하온 때에.

3 鄭熙績(정희적, 1541~?): 본관은 河東, 자는 士勳. 1568년 별시 문과에 급제하여 사헌부 지평을 거쳐 사간원 헌납에 서임되었다. 안동부사 때 임진왜란이 일어났는데, 勤王을 핑계로 처자를 거느리고 길주로 달려가 길주 부사가 되어 鄭文

段, 據吉州城內, 三百餘段, 在吉州南八十里嶺東地, 相爲往來, 聲勢相倚, 或十百爲群, 樵採[5]山谷, 或分兵四出, 殺掠村家, 姿意橫行, 略不顧忌爲白齊。臣與中衛將鍾城府使鄭見龍, 率鏡城以北軍千餘, 留明川, 抄出精兵四百, 分二運[6], 進屯古驂[7]地, 設伏要路爲白遣, 左衛將高嶺僉使柳擎天乙用良, 領吉州軍千餘, 屯海汀, 以伺摽掠之賊爲白遣, 右衛將慶源府使吳應台段, 率吉州兩里及西北堡[8]土兵與本堡將, 據堡, 抄出精兵, 設伏洞口, 以斷樵採之路。臣從事官前引儀土及第元忠恕[9]段, 率精兵二百餘, 屯吉州北三十里阿間倉[10], 登山覘賊次, 同月三十日早朝, 倭賊可千餘名, 張旗出城, 向海汀加坡里爲白去乙。同元忠恕。亦卽卽[11]馳報各處伏兵將爲白遣, 率其部下, 直要歸路次。倭賊焚蕩村舍, 劫掠財畜, 虜其婦女, 午後回還爲白去乙。元忠恕, 與賊接戰, 斬

孚와 호응하여 왜적과 싸웠다. 그러나 비변사로부터 안동부사로 있을 때 왜적을 막지 않고 도망한 忘君負國의 죄를 지었다는 탄핵을 받았다.

4 輸城(수성): 함경북도 청진시 수성동 지역에 있었던 조선시대의 驛道. 경성·부령·회령·종성·온성·경원·경흥 등지에 설치된 역을 관할한 역도이다.

5 樵採(초채): 땔나무를 해 두었다가 마른 뒤에 거둠.

6 運(운): 군사를 隊伍로 편성할 때 묶는 단위.

7 古驂(고참): 古站驛(일명 高驂磧)을 가리킴. 함경북도 명천군에 있었던 역참이다.

8 西北堡(서북보): 吉城縣의 서쪽 67리에 있던 보. 돌로 쌓았는데 둘레가 1,542척, 높이가 9척이다.

9 元忠恕(원충서, 1559~?): 본관은 原州, 자는 忠敬. 1589년 증광시 무과에 급제하였다.

10 阿間倉(아간창): 阿澗倉으로도 표기되는데, 구체적인 지리 정보는 알 수 없음.

11 卽卽(즉즉): 급히. 서둘러.

其先導兩賊, 倭賊北退爲白去乙, 乘勢追擊, 遇倭賊大軍, 令其步
卒, 登山據險, 身率精銳, 捍後退保[12]次。古驂伏兵將坊垣萬戶韓
仁濟, 聞報卽時, 率諸將士三百餘騎, 馳往二息程, 與元忠恕合
擊。倭賊狃於屢勝, 以爲誰何先驅, 所掠卜馱, 向吉州。巨魁政丞
稱號名直正者 · 監司稱號名都關汝文者及節度使稱號名不知將
等五人, 率精勇軍四百餘名, 敢死突戰, 多放鐵丸爲白去乙。左
斥候將吾村權管具滉 · 右斥候將安原權管姜文佑 · 別將玉連萬
戶安沃 · 臣從事官造山萬戶印元忱 · 軍官慶源土及第黃嗣元 · 鍾
城府使軍官土及第朴銀柱等, 各率所部, 一時突陳, 厮徒[13]下卒,
無不鼓勇, 射矢如雨, 倭賊等, 皆下馬地鬪爲白如乎, 猝遇突騎,
自申初至日昏, 兩軍出沒交兵, 力屈, 始爲登山北走爲白去乙。
適晉左衛伏兵將斜𠮠洞權管高敬民, 亦率所部, 遮截山上爲白遣,
我軍精勇, 左右夾馳, 直上峻山, 追至十餘里, 一賊背上矢中十
數, 幾盡殲戮, 將帥五名, 幷爲射斬, 中箭墜崖, 不知其數, 所擄
人畜, 全數還奪, 軍裝雜物, 幷以獲得爲白齊。斬割左耳, 捌[14]百
貳拾伍箇段, 監封上送, 馬壹百拾捌匹段, 各授所奪人爲白遣, 環
刀段, 亂軍各自佩持, 時未盡推爲白有齊。旗貳拾玖, 甲伍拾部,
冑捌部, 槍拾陸柄, 銃筒貳拾陸柄。鐵丸陸百肆拾陸箇, 藥桶拾

---

12 退保(퇴보): 進戰의 반대로써 물러나 보존하는 것.

13 厮徒(시도): 땔나무를 마련하거나 마소를 먹이는 등의 賤役을 맡은 사람.

14 捌(팔): 八. 數目에서 일(壹) · 이(貳) · 삼(參) · 사(肆) · 오(伍) · 육(陸) · 칠(柒) ·
    팔(捌) · 구(玖) · 십(拾) · 백(佰) · 천(仟) 등의 글자를 차용하였다.

伍箇等物段, 留上爲白在果, 大槪酣戰日昏, 未能一一斬馘爲白良置, 中箭入城, 逃竄山谷, 以死者, 不知其數爲白齊。城中餘賊, 厥數不多叱分不喩, 率皆[15]殘弱是如爲白乎等乙以[16], 來明日間, 一擧盡蕩計料爲白有旀。人心叛散[17]之餘, 始此破賊, 所當分等錄功, 聳動軍情是白乎矣, 事未畢定之前, 先錄小功, 以聞朝廷, 事體未安乙仍于, 一一置簿, 事定後啓聞事, 妄料爲白有在果。惟只[18]今去, 啓本陪持人, 鏡城儒生崔配天段, 當初倡義時, 始叱[19]盡力周旋叱分不喩, 節段置[20], 自願赴戰, 斬馘一級爲白有旀, 浦港之間, 零賊充斥[21], 公私往來之際, 或被擒獲, 人不樂行乙仍于, 自募能射良人李長春·董義節校奴億俊乙, 幷爲發送爲白臥乎事是良尒, 詮次以善啓向敎是事。

萬曆二十年壬辰十一月初一日。

---

15 率皆(솔개): 모두. 전부.
16 是如爲白乎等乙以(시여위백호등을이): 이두 표기. 是如爲白乎等以. ~이라고 하온 줄로.
17 叛散(반산): 떠나서 흩어짐.
18 惟只(유지): 이두 표기. 오직.
19 始叱(시질): 이두 표기. 비로소. 처음으로.
20 節段置(절단치): 이두 표기. 이번에도. 지금에도.
21 充斥(충척): 많은 사람이 그득함.

05

길주 · 임명에서 왜적을 격파하고
육진의 반적 도당을 찾아 주벌하고
번호들을 항복 받은 장계

지난해(1592) 11월 1일 관인(官印)을 찍은 문서로 길주(吉州)에 머물 던 왜적들과 접전하여 목을 베고 귀를 잘라낸 사연의 서장(書狀)이 12월 9일 행재소(行在所)에 도착해 접수되었고, 비변사(備邊司)가 계 하(啓下: 임금의 결재)를 받아 성첩(成貼: 관인을 찍음)한 다섯 번째 관문 (關文)을 금년(1593) 정월 9일 가지고 본도(本道: 함경도)에 돌아왔으니 상고(相考)하겠사옵니다.

길주에 머물던 왜적이 한번 패한 뒤에는 견고한 성에 들어가 점거 하고서 목을 움츠리고 나서지 않습니다. 종성 부사(鍾城府使) 정현룡 (鄭見龍) · 경원 부사(慶源府使) 오응태(吳應台) · 고령 첨사(高嶺僉使) 류경천(柳擎天)이 각자 거느린 부하를 합한 병력 3천여 명으로 두 차례 성을 포위하고 종일토록 접전했는데, 왜적 4백여 명이 성 머리 에 버티고 서서 결사코 방어하니 쏟아지는 철환(鐵丸)과 화살에 피아간 함께 다쳐 형세가 졸지에 함락시키기 어려웠으므로, 병력을 나누어 성 밖으로 수리(數里)쯤 떨어진 네다섯 곳에 복병을 설치하고 밤낮으로 기회를 노리다가 적이 나오기만 하면 무찌르고 잡았습니다. 삼위장(三衛將: 중위장 정현룡, 좌위장 류경천, 우위장 오응태)은 모두 병력을 영동(嶺東)으로 옮겨 먼저 성책(城柵) 안에 있는 적들을 없애고 다음으로 성안의 도적을 없앨 계획이었습니다. 마침 병력을 이동시키던 날에 영동의 왜적 4백여 명이 나와 임명(臨溟)의 촌가에 와서 불 지르고 약탈하고 있을 즈음, 좌위장 류경천이 뽑아 보낸 복병장(伏兵將) 길주 토병(吉州土兵) 김국신(金國信)은 선봉이 되어 접전하며, 한편으로 대군(大軍)에 급히 알려서 삼위(三衛: 중위, 좌위, 우위)가 한꺼번에 내달아 돌격하였습니다. 그 가운데서 육진(六鎭)의 정예병이

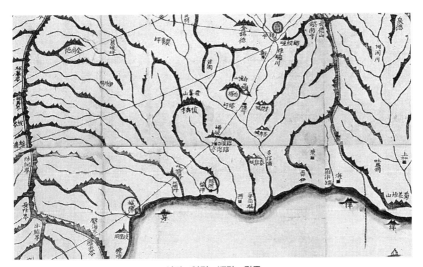

성진·임명·백탑·길주

먼저 교전하니, 왜적들이 패하여 달아났습니다.

삼위(三衛)가 쏘아 죽인 자 및 성안에 있는 적이 드나들 적에 잡아 죽인 자가 모두 합하여 100여 급(級)인데, 왼쪽 귀를 상자에 넣어 봉하고 군공(軍功)도 아울러 마련하여서 장계로 아뢸 계획이었습니다. 그때 도순찰사(都巡察使) 윤탁연(尹卓然) 또한 독단적으로 장계한다고 하여 공함(公緘: 취조 심문 공문서)을 보내고서 죄상을 추궁하여 심문하였습니다. 순찰사의 지휘를 일일이 거행하지 않았고, 군중(軍中)의 기밀 사무도 제때 급히 보고하지 않았으며, 북도 오랑캐의 난리 또한 낱낱이 속히 보고하지 않아서 계속해 4번이나 추궁하여 심문하였을 뿐 아니라, 아무쪼록 전해 들었는지 병력은 모두 길주 목사(吉州牧使) 정희적(鄭熙績)이 불러 모은 병사요, 전공(戰功)은 모두 사절동 권관(斜口洞權管) 고경민(高敬民)의 공로이거늘 패전 장수 원충서(元忠恕)가 또한 전공을 등록하는 데에 참여하였고 정희적·고경민은 온전한 전공을 올리지 못했다고 하며, 명천 현감(明川縣監) 장응상(張應祥)에게 평사(評事: 정문부)가 군기(軍機: 군대의 기밀 사무)를 그르친 것처럼 확인받아 올리라고 하는 것이었습니다.

신(臣)은 나이가 젊고 어리석은 백면서생(白面書生: 물정에 어둡고 경험이 없는 사람)으로 군무(軍務)에도 익숙하지 못할뿐더러 문서로 보고하는 복잡한 절차도 전혀 익숙하게 익히지 않았다가 하루아침에 전쟁을 맞아 잘못하여 중죄를 덮어쓸까 갈팡질팡 망설이느라 민망하고 절박할 즈음, 순찰사의 절제(節制: 지휘)에 의하면, '평사(評事: 정문부)가 스스로 대장이라 칭하고 아울러 종사관(從事官)을 통솔하니 지극히 해괴하다.'라고 하면서 신(臣)의 대장 직책을 갈아내고 회령 부사(會寧府使) 정현룡(鄭見龍)으로 교체하여 대장을 정한다는 관자(關字: 공문)가 지난해 11월 21일 성첩(成貼: 관인을 찍음)하여 도착하였습니다.

4군 6진

즉시 순찰사(巡察使: 윤탁연)의 지휘에 따라 오로지 부하 장사(將士) 3천여 명을 정현룡에게 넘겨 맡기고 신(臣)은 대장에서 물러나 추궁하고 심문하는 것을 응하려 하였는데, 북병사(北兵使: 성윤문)의 지휘에 의하면, '평사(評事: 정문부) 또한 육진(六鎭)을 순행하여 인심을 진정시키고 아울러 오랑개노 신압하라.'라고 하였는바, 신(臣)은 이미 대장의 직책에서 갈리었으나 감히 따르지 않을 수 없었으므로 군관(軍官) 및 부하 50여 명을 이끌고 북쪽으로 육진을 순행하였습니다.

경원(慶源)에 이르러 인민들을 깨닫도록 타이르고 아울러 번호(藩胡)에게 먹을 것을 보내 주었습니다. 인심은 처음 왜적의 승승장구했을 때를 당하여 다시 나라가 있을 줄을 알지 못하고서 군사와 백성들이 자기의 수령과 장수들을 내쫓았고, 사람들이 많이 다니는 네거리에서도 마음대로 약탈하였습니다. 경성(京城)에서 온 장사(將士) 및 피난 온 선비들이 혹 붙잡혀서 왜적에게 넘겨지기도 하였고 혹 옷가지들이 벗겨져 알몸이 되기도 하였다가, 신(臣)이 성에 들어온 뒤로부터 본토박이들의 지난날 과실과 죄악들을 두루 들추어 용납할 곳이 없게 하였을뿐더러 빼앗겨 잃은 물건들을 찾아내는 데 신속히 하였습니다. 그로 인하여 인심이 불안하게 되었으므로, 신(臣)이 반란을 진압하여 평정시키는 초기에는 이와 같은 조치가 매우 적당한 일이 아니라고 생각하고서 일체 엄하게 금하였지만, 지금에는 왕령(王靈: 임금의 존엄)을 빙자하여 금해도 능히 억제할 수 없습니다. 반란 무리를 믿지 못하고 두려워하는 마음이 날로 깊어져 심지어 신(臣)이 회령(會寧)에 도착한 날에는 본부(本府: 회령부)의 인민들이 반적(叛賊)에게 연루될까 두려워서 태반이나 피하여 달아났습니다. 신(臣)이 둘러대는 말로 온화하게 타이르기를, 이미 거괴(巨魁)는 죽었고 협박에 못 이겨 따른 자는 다스리지 않겠다고 하자 차츰차츰 도로 모여들었습니다.

종성(鍾城)·온성(穩城)의 인심도 또한 미처 흡족하게 진정되지는 않아서 자못 의심하고 망설이는 단서가 생겼을 뿐 아니라, 경원 좌수(慶源座首) 정사기(鄭士麒) 및 그의 동생 정사봉(鄭士鳳)이 처음 왜적이 북도에 침입해왔을 때를 당해서는 병사(兵使) 이하를 잡아서 왜적을 맞아들여 항복하려는 계획을 꾀하였다가, 신(臣)이 들어가 경성(鏡城)을 웅거한 뒤에 8번이나 병사를 징집해 보내라고 했으나 거역하며 보내지 않았습니다.

인심과 오랑캐 변란을 진정시키고 막아낸 다음에 길주(吉州)의 전장으로 달려갔거니와, 부령 부사(富寧府使) 김범(金範)은 회령 겸관(會寧兼官)으로 회령에 들여보냈고, 동관 첨사(潼關僉使) 이응성(李應星)·유원 첨사(柔遠僉使) 이희량(李希良)·훈융 첨사(訓戎僉使) 김자(金磁)·온성 판관(穩城判官) 이눌(李訥)·경원 판관(慶源判官) 오언량(吳彦良)은 본진(本鎭)에 들여보냈습니다. 인심과 오랑캐 변란은 태반이나 진정되었는데도, 정사기(鄭士麒)만 도내(道內)의 대단히 간악한 자로서 족당(族黨)으로 군노(軍奴)와 사령(使令)들을 많이 심어놓아 판관(判官)도 감히 손쓸 수가 없었습니다.

신(臣)이 본부(本府: 경흥부)에 이르러 정사기·정사봉(鄭士鳳) 및 그 당괴(黨魁: 도당 괴수) 경흥 토병(慶興土兵) 최송(崔松)을 붙잡아 행영(行營)으로 와서 모두 목을 베어 효시(梟示)하였습니다. 종성 통사(通事: 통역) 안억수(安億壽)는 전부터 함부로 쳐들어가 번호(藩胡)를 토색질해오다가, 이번 왜변이 일어난 뒤로 나라에 기율이 없자 앞장서서 남의 온갖 물건을 빼앗는데 못하는 짓이 없었습니다. 눈앞에서 통사(通事)가 오랑캐의 히소연을 이리저리 그럴듯하게 속이고 꾸며 전하였는데, 신(臣)은 그의 얼굴빛이 이상야릇해지는 것을 보고서 직접 중추(中樞) 하량개(下良介)를 끌어들여 우리나라 말로 묻고 답하였습니다. 육진(六鎭)에서 왜변이 일어난 뒤로 토병(土兵)들이 포학한 짓을 자행하여 변방의 근심거리를 빚어내는 것이야 대체로 같았지만, 그 가운데서도 안억수가 가장 심했다고 하여, 즉시 그의 목을 베고 효시(梟示)하여 하나를 징계함으로써 백을 북돋우고자 하였습니다. 다만 하량개(下良介)도 포악하고 오만함이 헤아리기 어려운 오랑캐로 우리에게 하소연하러 온 사람이거늘, 여러 오랑캐가 보는 데서 대수롭지 않게 그를 처형하는 것이 나라의 체모를 손상시킬까 두려워서 곧 목에 나무칼을 씌우고 손목에 나무 수갑을 채워 옮겨서 부령부(富寧府)에 가두어놓은 채 순찰사의 처분을 기다렸습니다.

오랑캐의 정황으로 회령(會寧)이 관할하는 곳에서는 지금 배반하려는 정상이 없고, 종성(鍾城)은 겉으로 친밀하나 속으로 서먹서먹해서 하는 짓이 헤아릴 수 없어도 또한 노략질하는 일이 드러나지 않았습니다. 온성(穩城)은 당초에 왜변이 일어날 때를 비롯하여 우리나라와 인접해 있으면서 우리의 흩어진 백성들을 한 명도 노략질하지 않았을뿐더러 판관(判官)이 진(鎭)에 돌아왔다는 기별을 듣고 다른 오랑캐들이 약탈한 인물들을 먼저 돌려보냈습니다. 지극히 가상한 까닭으로 신(臣)이 본부(本府: 온성부)에 이르러 다른 진(鎭)의 관례를 따라 술과 고기를 보내 주고 소금 몇 말을 지급해 준 것 외에, 별도로 공로가 있는 오랑캐들에게 음식상을 물리고서 술을 보내고 소금 몇 말을 더 지급해주며 왜적이 모조리 평정된 뒤에 상과 벼슬을 경성(京城)으로 가서 각별히 시행할 것이라고 또한 사리를 들어 타일렀습니다.

경원(慶源)은 우두머리 추장(酋長) 10여 명이 가끔씩 나와 보고하며 우리나라를 향할 것처럼 모습을 보일지라도, 경원부 경내의 여러 오랑캐가 모두 이미 나라를 배반한 까닭으로 금방 물러갔다가 금방 돌아와 마음을 같이하여 노략질할 것은 분명하여 의심의 여지가 없습니다. 신(臣)이 북쪽으로 순행할 때 타이르는 명령을 들으려고 온 추장(酋長)·학생(學生) 모두 200여 명은 우리가 불러서 온 것일뿐더러 저들도 또한 부름에 호응하여 귀순한 것입니다. 그런데 감춘 죄악을 들추어내어서 그 죄를 다스림이 부당한 까닭에 전례를 따라 먹을 것도 보내 주고 물품도 주며 깨우치기를, '적호(賊胡)들이 너희들 사는 곳으로부터 거쳐 침입할진대, 나라에서 죄를 문초할 때 적호들과 함께 죽는 근심이 생길까 두려우니, 미리 지키고 보호하며 나아와 보고하는 일 등에 각별히 마음을 다하라.'라고 하고서 또한 엄한 말로 알아듣도록 타일렀습니다.

경흥(慶興)은 서수라(西水羅)에 있는 하나의 작은 성과 조산(造山)으로 대피해 들어간 산민(散民)을 토병(土兵) 함덕후(咸德厚)가 거느리고 성을 지켰는데, 적호(賊胡)들이 4번이나 성을 에워쌌으나 이기지 못하고 물러갔을 뿐만 아니라, 적호의 부락(部落) 한 곳을 빈틈 타서 분탕질하였는바, 단출한 군사가 지경을 넘은 것은 장수의 명령이 아니었습니다. 이와 같은 거조(擧措)가 비록 부당한 듯할지라도, 몹시 작고 고립된 성이 대도(大盜. 큰 노둑)에 의해 막혀 있어 형세가 미처 기일 안에 지휘받을 수 없는 처지에서 성을 보전하고 적을 베어 군기(軍機)를 잃지 않았으니 실로 가상하였습니다. 함덕후를 그것으

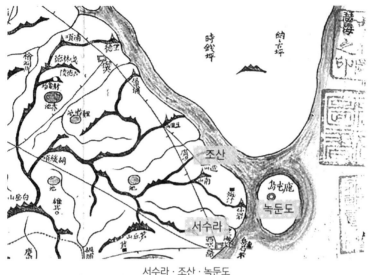

서수라 · 조산 · 녹둔도

로 인하여 장수로 정해졌고, 회령(會寧)의 해창(海倉)에 있는 쌀 100석을 날라서 본보(本堡: 서수라 보)에 보내 주고 성을 지키면서 양식으로 쓰도록 하였습니다.

경흥부(慶興府) 및 그 관할 조산보(造山堡)·무이보(撫夷堡)·아오지보(阿吾地堡)와 경원(慶源) 관할 건원보(乾元堡)·아산보(阿山堡)는 처음부터 지키지 못하여 적호(賊胡)가 멋대로 분탕질하고 오가는데 거리낌이 없었으니, 그로 인하여 적호가 다니는 길이 되었습니다. 혹은 경흥의 해정(海汀)으로부터 혹은 경원 지경으로부터 쳐들어와서 마구 돌아다니며 도둑이 되니 산골짜기의 사람과 가축들을 노략질하는 것이 극히 분통스러웠습니다. 그랬어도 육진(六鎭)은 정예병

200여 명이 길주(吉州)의 전장에 달려가야 하는 지경이었고, 게다가 왜적의 침입받은 뒤라서 말들이 한 필조차도 남아있지 않아 지난날 말달리며 활 쏘던 군사가 지금은 말 없는 군사가 되었을 뿐만 아니라, 병장기(兵仗器)도 모조리 왜놈들에 의해 없어져 장전(長箭: 긴 화살)과 편전(片箭: 짧은 화살)을 묶어 횃불을 만드는 지경에 이르렀으며, 피난 민들 가운데 활과 화살을 가진 자는 모두 왜적에게 죽임을 당하였으 므로 민간의 병장기도 거의 다 묻어놓아서 썩고 말았습니다. 그리하 여 성을 차지하고 방어하기에도 오히려 부족할까 염려되거늘 먼 곳까 지 추격하기에는 형세로 보아 매우 어려운 까닭으로 마을에 사는 백성들 전체에게 성안으로 대피해 들어가도록 알려서 노략질당하는 환란을 모면하게 하였습니다.

지금에는 길주(吉州)의 왜적 기세가 이미 위축되었으나 육진(六鎭) 에서 적호(賊胡)의 난리가 점점 불길처럼 일어나 하는 수 없이 왜적과 싸우러 전장으로 달려갔던 여러 장수 중에서 가끔씩 뽑아 보내니, 각각 그 진장(鎭將)이 정예병을 뽑아 거느리고 요로(要路)에 매복병을 설치하여 적호들이 횡행하는 길을 끊었습니다.

대개 북도(北道)는 또한 거리가 아주 먼데다 눈이 쌓이고 얼음이 덮인 지역으로 순찰사가 있는 곳과의 거리가 10여 일 정도인데, 군중 (軍中)의 중요한 업무는 하루에도 만 번이나 변하거늘 일률적으로 지휘를 따라 시행하는 경우 임기응변의 방도가 아닌 듯하여, 그동안 의 급한 일은 더러 순찰사에게 보고하지 않은 채 시행한 뒤에 첩문(牒 文)으로 보고하기도 했습니다. 지금에 와서 순찰사의 지휘에 의하면,

'대장을 갈고 바꾸어 도망병을 잡은 장수로 정하였으니, 직접 마천령(磨天嶺) 및 단천(端川) 등지로 군관을 거느리고 나아가 주둔하며 도망군졸을 잡아라.'라고 하였습니다. 그런데 신(臣)은 하찮은 낮은 관리로 한 치의 공로도 없이 갑자기 당상관(堂上官)에 오르니 천은(天恩: 임금의 은혜)이 망극하여 더욱 죽을 곳을 모르겠으나 피를 밟고 칼날을 드는 것인들 사양하지 않을 것이거니와, 오직 길주(吉州)·영동(嶺東)만 미처 소탕되기 전이라서 아군 가운데 북쪽 지역으로 달아난 군졸들이 남관(南關: 마천령 남쪽 지역)을 향하여 도망칠 리가 없을 듯하므로 먼저 군중(軍中)에 머물고 있습니다.

신(臣)이 지난해 11월 21일 대장에서 갈리었을 때, 12월 14일 비변사(備邊司)에서 보낸 공문에 의하면, '평사(評事)는 주장(主將)의 명을 바야흐로 이행하라.'라고 하였는바 그 사이의 날짜 수가 24일이나 걸렸거늘, 순찰사가 신(臣)의 죄를 청하는 장계가 제때 행재소에 도달하지 못한 것인지 일이 매우 의심스럽습니다.

회령 부사(會寧府使) 정현룡(鄭見龍)도 대장이 된 지 한 달을 채우지 못하고 갈아 바꾸어 절도사(節度使)를 겸하도록 해 육진(六鎭)을 순행하게 하고, 다시 경원 부사(慶源府使) 오응태(吳應台)로 대장을 삼았습니다. 신(臣)은 다만 북병사(北兵使: 성윤문)의 지휘에 따라 마음대로 북쪽을 순행했다고 추궁하여 심문하였습니다. 각 진장(鎭將)은 이를테면 무산 만호(茂山萬戶) 이란(李蘭) 등 무려 수십 명이 각기 자기 진영(鎭營)의 토병(土兵)을 이끌고 모여들어 적을 토벌한 일을 순찰사에게 애초부터 거듭거듭 이름을 기록한 첩문(牒文)으로 보고

하자, 각보(各堡)의 진장을 거의 다 갈아 바꾸어 간혹 하나의 진(鎭)이나 보(堡)에 장수가 두세 명씩 거듭 임명되어 장수로 하여금 본직임(本職任)을 알지 못하게 하고 군졸은 자기의 장수를 알지 못하게 되어 군사들의 마음이 동요해 흔들리고 사기도 태만해졌습니다. 그 연유를 미처 알지 못하여 몹시 답답하고 염려스러워 조정에 보고하여 아뢰고자 하였지만, 제멋대로 장계를 올린다고 하여 죄를 얻게 될 것이라 감히 직접 아뢰지 않고 있던 때, 이전에 올린 장계의 회송하는 사연 및 비변사의 관자(關字: 공문)가 다섯 차례나 왔는데도 감히 대답하지 않을 수 없으므로 자모군(自募軍: 자원병) 공로 1등 토급제(土及第) 차응린(車應麟)을 전례대로 바닷길을 거쳐 장계를 올리도록 하는 일인 만큼 이러한 연유로 아룁니다.

만력 21년 계사년(1593) 1월 12일

吉州臨溟破倭賊及六鎭叛黨搜誅, 藩胡招服狀啓[1].

前年十一月初一日, 成貼[2]爲白在[3], 吉州留倭, 接戰斬馘辭緣書狀, 十二月初九日, 得達行在所, 受到付[4], 及備邊司啓下[5], 成貼關

---

1 이 장계의 일부가 《선조실록》 1593년 2월 16일 14번째 기사임.

2 成貼(성첩): 문서에 관인을 찍음.

3 爲白在(위백재): 이두 표기. ~하사온. ~하사온 것.

4 到付(도부): 공문 등이 와 닿음. 공문서 등이 도달되어 받다는 의미이다.

5 啓下(계하): 임금에게 올려진 啓聞에 대한 임금의 답이나 의견으로 내려진 것. 임금은 계문을 보고서 啓字印을 찍어 親覽과 決裁를 마친 것을 표시하였다.

五度, 今年正月初九日, 齎還本道爲白有去乙, 相考爲白乎矣。吉州留賊, 一敗之後, 入據堅城, 縮頭不出爲白去乙。鍾城府使鄭見龍·慶源府使吳應台·高嶺僉使柳擎天, 各率所部, 合兵三千餘, 再度圍城, 終日接戰爲白乎矣, 倭賊四百餘名, 列立城頭, 抵死防備, 鐵丸射矢, 彼我俱傷, 勢難猝拔乙仍于, 分兵設伏城外數里許四五處, 晝夜候伺, 出則勦捕爲白乎旀。三衛將, 并以移兵嶺東, 先滅柵內之賊, 次及城中之寇計料爲白如乎。適音移兵之日, 嶺東倭賊四百餘名, 出來臨溟[6]村舍, 焚蕩攄掠之際, 左衛將柳擎天, 定送爲白在, 伏兵將吉州土兵金國信, 爲先接戰爲旀[7], 一邊以馳報大軍爲白良在乙, 三衛一時馳突。其中六鎭精兵, 爲先接刃, 倭賊敗奔。三衛射斬及城中留賊出沒時捕斬, 合百餘級, 左耳函封, 軍功并以磨鍊, 狀啓計料次。都巡察使尹卓然[8], 亦擅自[9]狀啓是

6 臨溟(임명): 조선시대 함경도 北靑의 居山驛을 중심으로 한 居山道에 속한 驛站.
7 爲旀(위며): 이두 표기. ~하며.
8 尹卓然(윤탁연, 1538~1594): 본관은 漆原, 자는 尙中, 호는 重湖. 1558년 생원시에 합격하고 1565년 알성 문과에 급제, 승문원에 보임되었다. 승정원 주서를 거쳐 1568년 전적·사간원정언을 역임하고 千秋使 서장관이 되어 명나라에 다녀왔다. 1574년에도 奏請使의 서장관으로 명나라에 다녀와 사헌부 지평·장령·교리·검상·사인 등을 역임하고, 이듬해 외직으로 동래부사·상주목사를 지냈다. 1580년 좌승지·도승지·예조참판을 지내고, 1582년 영남지방에 큰 흉년이 들자 왕이 윤탁연의 재능을 믿고 경상도 관찰사로 특채하였다. 1585년 경기도 관찰사에 오른 뒤 한성부판윤에 승진하고 세 차례의 형조판서와 호조판서를 지냈다. 1591년 宗系辨誣의 공으로 漆溪君에 봉해졌으며, 특히 備邊司有司堂上을 역임하였다. 1592년 임진왜란이 일어나자 왕을 모시고 북으로 가던 도중 檢察使에 임명되었다. 그때 함경도 지방에는 이미 적이 육박했으며, 함경도에 피난한 왕

81

如，出公緘[10]推考爲白乎㫆。巡察使節制，一一擧行不冬[11]，軍中機務，趁不馳報，北道胡亂，亦不這這馳報是如，連四度推考叱分不喩，某條以傳聞爲白乎喩[12]，兵皆吉州牧使鄭熙績召募之兵，功皆斜卩洞權管高敬民之功是去乙[13]，敗軍將元忠恕，亦參錄功。鄭熙績·高敬民，不以專功上聞是如，明川縣監張應祥[14]乙用良，評事失誤軍機樣，以捧侤音[15]，上使亦爲白臥乎在亦[16]。臣以年少迷劣，白面書生，不閑軍旅叱分不喩，文報間曲折，專不閑習爲白如可[17]，一朝臨戎[18]，誤蒙重罪爲白乎去，彷徨悶迫之際，巡察使節制內，評事自稱大將，兼率從事官，至爲駭怪是如，遞臣大將之任，

───────

자 臨海君과 順和君이 회령에서 北邊叛民과 적에게 아부한 무리에 의해 적의 포로가 되자, 조정은 勤王兵을 모아 적을 격퇴시킬 계획을 세웠다. 윤탁연은 왕의 특명으로 함경도 도순찰사가 되어 의병을 모집하고, 왜군에 대한 방어계획 등 시국 타개에 노력하다가 그곳에서 객사하였다.

9 擅自(천자): 제멋대로. 독단적으로.
10 公緘(공함): 서면으로 劾問하는 것. 공함을 보내어 심문하면 관청에 직접 출두하지 않고 이에 대한 진술을 서면으로 제출하였는데, 지방에 있는 관원을 심문하거나 私人으로서 피치 못할 사정으로 출두할 수 없는 경우에 취조하였다.
11 不冬(부동): 이두 표기. 아니하다.
12 爲白乎喩(위백호유): 이두 표기. ~하사온지.
13 是去乙(시거늘): 이두 표기. ~이거늘.
14 張應祥(장응상, 1539~?): 본관은 蔚珍, 자는 景休. 1583년 알성시 무과에 급제하였다.
15 捧侤音(봉고음): 이두 표기. 나침받음.
16 亦爲白臥乎在亦(역위백와호재역): 이두 표기. ~라고 하옵는 것이므로.
17 爲白如可(위백여가): 이두 표기. ~하삽다가.
18 臨戎(임융): 싸움에 임함.

會寧府使鄭見龍乙用良, 改定大將關字, 前年十一月二十一日, 成
貼到付爲白良在乙。卽依巡察使節制, 專以手下將士三千餘名,
鄭見龍處交付, 臣段, 退答推考爲白如乎, 北兵使[19]節制內, 評事
亦巡行六鎭, 鎭定人心, 兼鎭虜情亦爲白有去乙, 臣已遞大將之
任, 不敢不從乙仍于, 率軍官及麾下五十餘人, 北行六鎭。至慶
源, 曉諭人民, 兼饋藩胡爲白乎矣。人心段, 當初倭賊長驅之時,
不復知有國家, 軍民逐其守將, 衢路恣行攘奪。京來將士及避亂
士人等, 或被捉致倭賊, 或被赤脫衣裝爲白有如可, 自臣入城之
後, 歷擧土人前日過惡, 使無所容叱分不喩, 急於推得失物。因致
人心不安爲白去乙, 臣以謂鎭定反側之初, 如此擧措, 甚非事宜是
如, 一切痛禁[20]爲白如乎, 節段憑藉王靈, 禁不能抑。反側之輩,
疑懼日深, 至於臣到會寧之日, 本府人民, 恐爲叛賊連累, 太半逃
走爲白有去乙。臣以權辭溫諭, 諭以已殲巨魁, 罔治脅從之意爲

---

19 北兵使(북병사): 成允文(생몰년 미상): 본관은 昌寧, 자는 廷老, 호는 晩休.
   1591년 갑산 부사로 부임하여 재직 중, 이듬해 임진왜란을 당하여 함경남도병마
   절도사 李瑛이 臨海君·順和君 두 왕자와 함께 왜적에게 잡혀가자 그 후임이
   되었다. 함흥을 점령한 왜적의 북상을 저지하기 위하여 黃草嶺戰鬪를 지휘하였
   다. 그러나 부하 장수의 전공을 시기한 나머지 과감한 공격을 제지하여 큰 전과
   를 올리지 못하였다. 함경북도 병마절도사를 거쳐 1594년 경상우도 병마절도사
   가 되었다. 그 뒤 진주목사를 거쳐 정유재란 때는 다시 경상좌도 병마절도사가
   되어 경상도 해안의 여러 전투에서 공을 세웠다. 특히, 1598년 8월 생포한 왜적
   을 심문한 결과 토요토미[豊臣秀吉]의 병이 중하며, 부산·동래·西生浦의 왜적
   이 장차 철수할 계획임을 조정에 알려 이에 대비하게 하였다.
20 痛禁(통금): 嚴禁. 엄하게 금지함.

白良沙, 稍稍還集爲白乎旀。鍾城‧穩城人心段置, 亦未翕然鎭
定, 頗有持疑顧望之端叱分不喩, 慶源座首鄭士麒及其弟士鳳段,
當初倭賊入北之時, 謀捉兵使以下, 欲爲迎降之計爲白如可, 臣入
據鏡城之後, 八度徵兵, 拒逆不送爲白乎旀。人心虜變, 鎭定防禦
次, 以吉州赴戰爲白如乎, 富寧府使金範段, 會寧兼官[21], 以入送
會寧爲白遣, 潼關僉使李應星‧柔遠僉使李希良‧訓戎僉使金磁
‧穩城判官李訥‧慶源判官吳彥良, 入送本鎭爲白乎矣。人心虜
情, 太半鎭定, 而鄭士麒耳亦[22], 道內巨惡, 以多植族黨奴使, 判官
莫敢措手爲白去乙。臣到本府, 捉致士麒‧士鳳及其黨魁慶興土
兵崔松于行營, 竝只斬首梟示爲白遣。鍾城通事安億壽段, 自前
始叱侵虐藩胡爲白乎, 節倭變之後, 國無紀律爲白乎去, 向入[23]
侵徵[24]雜物, 無所不至爲白乎矣。眼前通事, 以胡人告訴乙, 變詐
誣傳爲白去乙, 臣觀其氣色詭祕, 親引中樞下良介, 問答以我國言
語爲白乎矣。六鎭倭變之後, 土兵侵虐, 釀成邊患, 大槪同然, 其
中安億壽爲甚是如爲白去乙, 卽欲斬徇, 懲一勵百爲白乎矣。唯
只下良介段置, 桀驁[25]難側之胡, 以來訴我人爲白去等, 諸胡所見
處, 輕易[26]行刑, 恐妨國體爲白乎去, 卽加枷杻[27], 移囚富寧府, 以

---

21 兼官(겸관): 자신의 교유한 직책 외에 다른 관직을 겸임할 때의 관직.
22 耳亦(이여): 이두 표기. ﹁﹐﹅. ﹐민.
23 向入(향입): 이두 표기. 생각된다. 앞장서서.
24 侵徵(침징): 위세를 부려 불법으로 남의 물건을 빼앗아 들임.
25 桀驁(걸오): 포악하고 오만함.

待巡察使處置爲白有齊。虜情段, 會寧所管, 時無叛狀, 鍾城段, 外親內疏, 所爲叵測[28]爲白良置, 亦無顯然作賊之事。穩城段, 當初倭變時, 始叱接置我國, 散民一不攄掠叱分不喩, 判官還鎭聞奇, 他胡所掠人物乙, 爲先刷還。極爲可嘉爲白乎等以, 臣到本府, 依他鎭例饋酒肉, 給鹽斗外, 別引有功胡人, 退床[29]饋酒, 加給鹽斗, 諭以倭賊盡平之後, 賞職上京, 各別施行, 亦擧理開喩爲白有齊。慶源段, 頭頭[30]酋長十餘人, 間間進告, 佯示向國之狀爲白良置, 府境諸胡, 皆已叛國乙仍于, 乍去乍來, 同心作賊, 判然無疑爲白乎矣。臣北行時, 開喩聽令, 次以[31]來到爲在[32], 酋長·學生, 竝二百餘名段, 自我招來叱分不喩, 彼亦應招歸順爲白有去等, 摘發隱惡, 治罪不當乙仍于, 依前饋贈, 喩以賊胡, 自汝等所居處, 由入爲在如中[33], 國家問罪之時。恐有俱焚之患, 守護進告等事, 各別盡心, 亦嚴辭開喩爲白有齊。慶興段, 西水羅[34]一堡,

---

26 輕易(경이): 대수롭지 아니함.

27 枷杻(가추): 罪人의 목에 씌우던 나무칼과 손목에 채우던 手匣을 아울러 이르던 말.

28 叵測(파측): 헤아릴 수 없음.

29 退床(퇴상): 혼인 잔치 때 큰상을 받았다가 물린 뒤에 상을 받은 사람의 집으로 음식을 싸 보내는 일.

30 頭頭(두두): 頭目. 우두머리.

31 次以(차이): 이두 표기. ~하려고.

32 爲在(위재): 이두 표기. ~한

33 爲在如中(위재여중): 이두 표기. ~할진대. ~함에 대하여.

34 西水羅(서수라): 함경북도 경흥군 노서면 서수라동에 있는 지명. 최북단의 漁港

疊入³⁵造山³⁶散民, 土兵咸德厚, 領率守城, 賊胡四度圍城, 不勝退兵叱分不喩, 賊胡部落一處乙, 乘虛焚蕩爲白有臥乎所³⁷, 孤軍越境, 不出將令。如此擧措, 雖似乖當³⁸, 蕞爾³⁹孤城, 大盜隔絶, 勢未能及期節制事良中, 全城斬賊, 不失軍機, 實爲可嘉乙仍于。同咸德厚, 因爲定將, 會寧海倉, 運米一百石, 輸送本堡, 使爲城守之糧爲白有齊。慶興府及所管造山·撫夷⁴⁰·阿吾地⁴¹, 慶源所管乾元·阿山堡段, 自初不守, 賊胡恣意焚蕩, 往來不忌, 因爲賊路。或自慶興海汀, 或自慶源地境入來, 橫行作賊, 擄掠山谷人畜, 極爲痛憤爲白良置。六鎭精兵二百餘名, 至吉州赴戰, 加以倭寇之餘, 馬群一空, 前日馳射之士, 今爲無馬之軍叱分不喩, 軍器段置, 盡爲倭人焚蕩, 至以長片箭, 束作火炬爲白乎旀, 避亂人民等, 持弓箭者, 盡爲倭賊殺戮乙仍于, 民間軍器, 幾盡埋置腐敗爲白乎等以。據城防禦, 猶患不足, 涉遠追擊, 事勢極難乙仍于, 村居人民全數, 知委⁴²疊入城內, 俾免擄掠之患爲白如乎。節段吉州

이며 軍港이기도 하다. 造山灣의 동쪽 끝에 있으며, 두만강 하류에 있어 러시아와 연결되는 도로가 있고, 부근에 晚浦·西藩浦 등의 潟湖가 있다.

35 疊入(첩입): 변방의 백성들을 외적의 약탈에서 보호하기 위하여 안전한 성안으로 들여보내 대피하게 하는 일.

36 造山(조산): 造山堡. 함경도 경흥 관내의 조산에 설치한 口子堡.

37 爲白有臥乎所(위백유와호소): 이두 표기. ~하였삽는 바.

38 乖當(괴당): 정당하지 않음.

39 蕞爾(촬이): 몹시 작음.

40 撫夷(무이): 撫夷堡. 함경북도 경흥부에 소속된 萬戶鎭.

41 阿吾地(아오지): 阿吾地堡. 함경북도 경흥부에 속한 兵馬萬戶鎭.

倭勢已縮, 六鎭胡亂漸熾, 不得已赴戰諸將中, 間間入送, 各其鎭
將, 抄率精兵, 要路伏兵, 以絶橫行之路爲白有齊。大槪北道, 亦
道里絶遠, 氷雪積塞之地, 距巡察使所在處, 十餘日程是白去等,
軍中機務, 一日萬變, 一依節制施行爲白在如中, 恐非兵家制變[43]
之道乙仍于, 其間急務段, 或有不報巡察使施行, 從後牒報爲白如
乎。節段巡察使節制內, 大將遞改[44], 捕亡將定, 體磨天嶺及端川
等地, 率軍官進駐, 捕捉亡卒亦爲白有果。臣以幺麼小官, 未有
寸功, 遽陞堂上, 天恩罔極, 尤不知死所, 喋血[45]鋒刃, 有所不辭是
白在果[46], 唯只吉州·嶺東, 未掃蕩前段。我軍北地亡卒, 似無逃
向南關[47]之理乙仍于, 先可留住軍中爲白有齊。臣以去年十一月
二十一日, 遞大將爲白在如中。十二月十四日, 備邊司移文內, 評
事方行主將之令是如爲白有臥乎所[48], 其間日數二十四日之久是
白去等, 巡察使請罪狀啓, 時未達行在爲白有臥乎喩[49], 事涉可疑
爲白乎旀。會寧府使鄭見龍段置, 爲大將未滿一月, 遞易[50]以兼節

---

42 知委(지위): 통지나 고시 따위의 형식으로 명령을 내려 알려줌.

43 制變(제변): 사태의 추이에 따라 알맞게 잘 대처함.

44 遞改(체개): 갈아들임.

45 喋血(접혈): 피바다가 됨.

46 是白在果(시백재과): 이두 표기. ~이삽거니와.

47 南關(남관): 摩天嶺 남쪽의 지방을 말함. 함경남도를 모두 아울러 가리키는 말
이다.

48 是如爲白有臥乎所(시여위백유와호소): 이두 표기. ~이라고 하였삽는 바.

49 爲白有臥乎喩(위백유와호유): 이두 표기. ~하였삽는지.

度使。巡行六鎭爲白遣, 更以慶源府使吳應台, 爲大將。臣段, 只據北兵使節制, 任意北巡是如, 推考爲白乎旀。各鎭將如茂山萬戶李蘭等, 無慮數十人, 各率本鎭土兵來會, 討賊事乙, 巡察使處, 當初始叱再再, 名錄牒報爲白有矣[51], 各堡鎭將乙, 幾盡遞易, 或一鎭堡將, 疊差二三人, 使將不知本任, 卒不知其將, 軍情搖漾, 士氣怠惰。未知其由, 至爲悶慮, 欲報稟朝廷爲白良置, 擅自狀啓是如, 獲罪弦如, 不敢以聞爲白有如乎節, 前狀啓回送辭緣及備邊司關字五度, 不敢不答乙仍于, 自募軍功一等土及第車應轔乙用良, 依前由海路狀啓爲白臥乎事是良尒, 詮次以善啓向教是事。

萬曆二十一年癸巳正月十二日。

---

50 遞易(체역): 어떤 직위에 있던 사람을 다른 곳으로 갈아 바꿈.

51 爲白有矣(위백유의): 이두 표기. ~하였사오되.

06

온성·종성·행영 세 진의 복병이 적호를 물리쳐서
육진의 정예병을 불러 돌아가게 하고
본도에서 다른 도에 따라 과거 보일 것을 청하는 장계

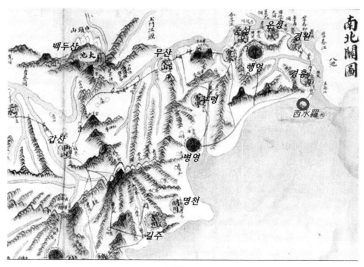

남북관도

지난해 12월 13일 순찰사의 지휘에 따라 대장에서 교체된 후에 또 북병사(北兵使: 성윤문)의 지휘로 육진(六鎭)을 순행하여 흩어진 백성을 모이도록 하고 오랑캐들을 진정하려고 경원(慶源)에 이르렀다가 다시 종성(鍾城) 지경의 부계리(浮溪里)를 경유하였는데, 그 마을 또한 이리저리 사방으로 막힘이 없어 적호(賊胡)들이 다니는 길의 요충지이므로 온성(穩城)·종성(鍾城)·행영(行營)의 삼진군(三鎭軍)에서 각기 50명을 뽑아서 같은 곳에 복병을 두어 적을 맞아 치도록 하라고 하였습니다.

이때 온성 판관(穩城判官) 이눌(李訥)이 올린 첩정(牒呈: 공문서)의 전체 요지에 의하면, '삼진군의 각 50명은 평사(評事: 정문부)의 지휘를 따라 세 곳으로 나뉘어 복병을 설치하였더니, 1월 7일 그 수를 알 수 없는 수많은 적호(賊胡)가 온성의 군사들이 복병을 설치한 곳을 포위하고서 침범하거늘, 다수의 적을 활 쏘아 죽여 싸움에서 이기고 추격하였다. 토병(土兵) 박언주(朴彦柱)·오득침(吳得沈)은 각기 벤 1명의 머리, 안장을 갖춘 오랑캐 말 2필, 오랑캐 활 1장, 오랑캐 화살 9개, 비단을 씌운 칼전대 1벌을 모두 도(道)에 올렸으며, 부통사(府通事) 도막동(都莫同)은 화살에 맞고 죽었다.'라고 하였는데, 말들은 빼앗긴 사람에게 되돌려주고 활과 화살을 비롯한 잡물은 경성 병영(鏡城兵營)에 올리고, 적호 2명의 머리는 봉하여 올려보냅니다.

행영(行營) 및 종성(鍾城)의 복병장(伏兵將)들이 보낸 치보(馳報)에 의하면, '같은 날 적호 100여 명이 복병한 곳에 침입해와서 접전하였는데, 양군(兩軍)이 힘을 모아 추격하여 다수의 적을 활 쏘아 죽이고 적호들이 사로잡아 가는 남녀 33명, 말 1필, 큰 가마와 솥 각 2개 등 문건을 도로 빼앗았으며, 선날 사로삽힌 역사(驛子: 역솔) 박세성(朴世貞)·김억수(金億壽)는 적호와 한마음이 되어 변복(變服)하고 적호가 되었다가 적호가 이기지 못하여 퇴각할 때 생포하여 종성부(鍾

城府)에 가두었다.'라고 하는 치보였습니다.

위의 복병장의 토병(土兵) 이운로(李雲老)는 종성 복병장이 왜적을 토벌할 때 군공(軍功) 1등으로, 토급제(土及第) 강언수(姜彦壽)는 행영 복병장이 왜적을 토벌하기 위해 의병을 일으켰을 때 먼저 메아리처럼 호응한 공으로 안릉 참봉(安陵參奉)이란 공명고신(空名告身: 空名帖)을 주어 임명하고 보충하였습니다. 신형(辛衡) 등이 그 즉시 추격할 때 혹 적호의 목을 베거나 혹 포로로 잡힌 우리나라 사람을 빼앗은 공은 조정에서 마련하여 시행해 주옵소서.

○신(臣)이 대장에서 교체된 뒤로부터 회령 부사(會寧府使) 정현룡(鄭見龍)으로 대신 대장을 삼았다가 지난해 12월 그믐께 정현룡을 절도사(節度使)를 겸하도록 임명하여 육진(六鎭)을 순행하도록 하였고, 다시 경원 부사(慶源府使) 오응태(吳應台)를 대장으로 바꾸어 정했다고 하였습니다.

그런데 올해 1월 13일에 도착한 순찰사(巡察使)의 관문에 의하면, '오응태 대장을 바꾸고 도로 전 평사(前評事: 정문부)를 대장으로 정하였다.'라고 하였사온데, 이달 10일에 도착한 전 대장(前大將) 오응태의 첩정(牒呈)에 의하면, '정현룡에게 절도사를 겸하도록 해 대장에서 교체되어 북쪽으로 순행하러 들어갈 때 육진의 정예병 100여 명을 모두 이끌고 돌아 들어갔다.'라고 하였거늘, 절도사라고 일컬으며 '왜적을 토벌하는 정예병을 자기의 부하이다.'라고 하면서 임의로 이끌고 가 내보내지 않고 있으니, 때마침 이처럼 날씨가 따뜻해지고 왜적의 기세가 점점 살아나고 있을 때 적을 토벌하는 일이 지극히 염려스럽습니다. 그러기에 신(臣)도 관문(關文: 공문서)을 보내어 징병도 하옵거니와, 조정에서 각별히 해야 할 일의 조목을 주어 수효대로 징병할 수 있도록 방어사(防禦使)로 일컬어지는 정현룡에게 내려보내 주실까 바랐사옵니다.

이번 얼핏 풍문으로 듣건대 팔도에서 남도에 이르기까지 이미 과거(科擧)를 보였다고 하는데, 유독 이 북도(北道: 함경북도)만 아직 과거에 응시하지 못하였으니 격려하는 본래의 뜻과 어긋나는 듯하나 순찰사가 장계를 올려 청하여 처리를 청하지 않는 일에 하찮은 낮은 관리가 장계를 올려 청하기가 어렵습니다.

도내(道內: 함경도)에서 일으킨 의병의 우두머리로 경성(鏡城)에 사는 전 훈도(前訓導) 이붕수(李鵬壽), 좌수(座首) 서수(徐遂)·이기수(李麒壽), 종성(鏡城)에 정배(定配: 정배 죄인)되었다가 해배(解配)된 전 도사(前都事) 나덕명(羅德明), 부령 좌수(富寧座首) 김전(金銓) 등이 있는 힘을 다하여 분주히 어리석은 백성들을 타일러서 깨우쳤습니다. 지금에 이르러 큰일을 일으킬 수 있는 것은 실로 그들의 공로에 힘입은 것인데도 전날 논공행상을 할 때 과거(科擧) 공부하는 유생(儒生)을 내금위(內禁衛)에 임명하니 원통하고 원망스러울 듯하여 감히 아뢰지 않을 수 없었습니다. 경성 판관(鏡城判官)도 송안정(宋安廷)이 임명되었다고 하나 어디에 머물러 있는지 아직 부임하지 않았습니다.

본부(本府) 또한 큰 도회지로서 적호를 모멸하는 기구들을 태만이나 변통하여 마련해 내는데, 유진 가장(留鎭假將) 전 감찰(前監察) 오명수(吳命壽)만으로는 제때 조치하기가 뜻대로 되지 않을 듯하기에 송안정을 재촉하여 부임케 하거나 조정에서 별도로 처리하옵기를 바라는 일인 만큼 이러한 연유로 아룁니다.

만력 21년 계사년(1593) 1월 12일

【협주: 동그라미 아래의 장계는 같지 않은 것 같다.】

穩城·鍾城·行營三鎭伏兵擊走賊胡及請徵還六鎭精兵, 本道依他道設科狀啓.

前年十二月十三日, 巡察使節制, 據遞大將後, 又以北兵使節制, 巡行六鎭, 安集散民, 鎭定虜情, 次以行到慶源, 還由鍾城境浮溪里爲白如乎, 同里亦四通五達[1], 賊路要衝之地是白去乙, 穩城·鍾城·行營三鎭軍, 各抄五十名, 同處伏兵, 要擊亦爲白有如乎。節[2]穩城判官李訥, 牒呈[3]內節該[4], 三鎭軍各五十名, 依評事節制, 分三處設伏爲白有如乎, 正月初七日, 胡賊不知其數, 穩城軍伏兵處, 圍犯爲去乙, 多數射中, 勝戰追擊。土兵朴彦柱·吳得沈, 各斬一級, 胡馬具鞍二匹, 胡弓一張, 胡矢九箇, 入羅韜一部, 竝以上道爲旀, 府通事都莫同段, 逢箭身死是如爲白有去乙[5], 同

---

1 四通五達(사통오달): 길이나 교통망 통신망 등이 사방으로 막힘 없이 통함. 사통팔달이라고도 한다.
2 節(절): 이두 표기. 때.
3 牒呈(첩정): 조선시대 하급 관아에서 상급 관아로 올리는 문서.
4 節該(절해): 이두 표기. 요점만 따서 적은 것. 문서의 전체 요지.
5 是如爲白有去乙(시여위백유거을): 이두 표기. ~이라고 하였삽거늘.

馬匹段, 所奪人還給, 弓矢雜物段, 鏡城營上, 胡馘二級段, 監封
上送爲白齊. 行營及鍾城伏兵將, 馳報內, 同日賊胡百餘名, 伏
兵處來犯接戰, 兩軍同力追擊, 多數射中, 賊胡擄去爲如乎, 男女
幷三十三名, 馬一匹, 釜鼎各二等物, 還奪爲於, 前日被擄驛子朴
世貞·金億壽段, 胡賊同心, 變服爲胡爲有如可, 賊胡不勝退兵
時生擒, 鍾城府囚禁是如, 馳報爲白有齊. 上項伏兵將土兵李雲
老, 鍾城伏兵將討倭軍功一等, 土及第姜彦壽, 行營伏兵將討倭
倡義時, 爲先響應功, 以安陵⁶參奉空名告身⁷良中, 塡差⁸爲白有
在⁹. 辛衡等, 登時¹⁰追擊, 或斬胡馘, 或奪我人之功乙良¹¹, 朝廷
以磨鍊施行爲白只爲¹². ○自臣遞大將後, 會寧府使鄭見龍乙用
良, 代爲大將爲白有如可, 前年十二月晦間, 鄭見龍差兼節度使,
巡行六鎮亦爲白遣, 更以慶源府使吳應台, 改定大將爲白有如
乎. 今年正月十三日, 到付爲白在, 巡察使關內, 吳應台大將遞
改, 依前評事, 以還定大將亦爲白臥乎在亦, 本月初十日, 到付爲

6　安陵(안릉): 함경남도 신흥군 가평면에 있는 조선 제1대 태조의 고조모인 恭孝
　王后 이씨의 능
7　空名告身(공명고신): 空名帖. 임명되는 자의 이름을 비워둔 채 발행하는 임명
　장. 이를 받는 사람은 실무는 보지 않고 명색만으로 행세하게 하였다.
8　塡差(전차): 빈 벼슬자리에 관원을 임명하여 보충함.
9　爲白有在(위백유재): 이두 표기. ~하였사온.
10　登時(등시): 지금 곧. 즉시 즉각.
11　乙良(을량): 이두 표기. ~을랑. ~은.
12　爲白只爲(위백지위): 이두 표기. ~하옵도록.

白在, 前大將吳應台牒呈內, 兼節度使鄭見龍, 遞將入北之時, 盡率六鎭精兵百餘名, 入歸是如爲有臥乎所, 節度使稱云, 討倭精兵乙, 自己所率是如, 任意率去, 不爲出送爲白在如中。當此日氣向暖, 倭勢漸張之時, 討賊之事, 極爲可慮爲白昆。臣段置, 通關徵兵爲良音可爲白在果[13], 朝廷以各別授事目, 依數徵兵事。防禦使稱號爲白在, 鄭見龍處下送爲白乎去望良白乎旀[14]。節仄聞爲白乎矣, 八道南道至亦[15], 已爲科擧是如爲白去等[16], 獨此北道, 未得赴擧, 似乖聳動之本意爲白良置, 巡察使不爲啓請處置事良中, 幺麼小官, 啓請爲難爲白齊。道內倡義首人鏡城居前訓導李鵬壽[17], 座首徐邃·李麒壽, 鏡城定配蒙宥前都事羅德明, 富寧座首金銓等, 極力奔走, 曉喩愚頑。到今擧事, 實賴其功, 前日論賞之時, 擧業儒生, 內禁衛差下, 似爲冤悶, 不敢不聞爲白乎

---

13 爲良音可爲白在果(위량음가위백재과): 이두 표기. ~하엽직하옵거니와.

14 爲白乎去望良白乎旀(위백호거망량백호며): 이두 표기. ~하살까 바랐사오며.

15 至亦(지역): 이두 표기. 이르러. 이르기까지.

16 是如爲白去等(시여위백거등): 이두 표기. ~이라고 하옵는데.

17 李鵬壽(이붕수, 1545~1593): 본관은 公州. 자는 仲恒. 1592년 임진왜란이 일어나 왜장 加藤淸正의 군대가 관북으로 밀어닥쳐 여러 고을을 함락하고, 회령 사람인 鞠景仁 등이 두 왕자와 宰臣 및 長吏를 사로잡아 항복하는 사태가 일어나자, 북평사 鄭文孚를 만나 姜文祐, 종성 부사 鄭見龍과 함께 倡義起兵하여 정문부를 대장으로 추대하고 자신은 별장이 되었다. 9월 富寧을 수복하여 국경인 등의 목을 베고, 11월 길주 長坪에서 승리하고, 12월 雙浦에서 대승을 거두었다. 1593년 1월 단천 전투에서 승리함으로써 적병이 후퇴, 남하하기 시작하자 이를 추격하여 玉塔坪에서 싸우다가 적의 탄환에 맞아 전사하였다.

㫆。鏡城判官段置, 宋安廷[18]差下是如爲白乎矣[19], 某處留在爲白
有臥乎喩, 迄未赴任。本府亦都會大處, 以討賊諸具, 太半辦出[20]
爲白去等, 留鎭假將前監察吳命壽叱分, 以策應[21]齟齬[22]爲白昆,
同宋安廷乙, 催促赴任教是去乃[23], 朝廷以別樣處置爲白乎去望
良臥乎事是良尒, 詮次以善啓向教是事。

萬曆二十一年癸巳正月十六日。

【疑非一啓係圈下】

---

18 宋安廷(송안정, 1554~1626): 본관은 鎭川, 자는 安庭. 1602년 충청도 水軍虞
   候, 1604년 8월 전라 우수사, 1610년 2월 충청 병사, 1618년 5월 平安防禦使虞
   候, 1618년 6월 안주 목사가 되었다.

19 是如爲白乎矣(시여위백호의): 이두 표기. ~이라고 하옵되.

20 辦出(판출): 변통하여 마련해 냄.

21 策應(책응): 벌어진 일이나 사태에 대하여 알맞게 헤아려서 대응함.

22 齟齬(저어): 틀어져서 어긋남.

23 教是去乃(교시거내): 이두 표기. ~이시거나.

07

단천에서 왜적을 격파한 내력과
군기 최동망·이성길을 종사관에 임명해주기를
청하는 장계

지난해 12월에 신(臣)이 북쪽으로 육진(六鎭)을 순행하고, 올해 1월 13일에 길주(吉州)로 되돌아왔습니다. 그때 경성(鏡城) 주촌역(朱村驛)의 길 가운데서 순찰사의 관자(關字: 공문서)를 얻어 보니 신(臣)을 다시 대장으로 정하였다고 하였습니다. 길주성(吉州城) 밖 10여 리쯤 되는 곳의 우위장(右衛將) 한인제(韓仁濟) 군중(軍中)에 이르러 장사(將士)들을 위로해 먹이고, 이달 18일에 본주(本州: 길주)의 다신리(多信里)에 이르러 좌위장(左衛將) 류경천(柳擎天)·중위장(中衛將) 오응태(吳應台)가 거느린 장사들을 위로해 먹이고, 이윽고 이곳에 주둔하며 길성(吉城)·영동(嶺東) 두 곳의 형편을 보아 제때 대응코자 하였더니 단천 군수(端川郡守) 강찬(姜燦)이 직접 군중(軍中)에 와서 말한 것에 의하면, '단천에 머물러 있는 적이 제멋대로 횡행하여도 군사들이 모두 보졸(步卒: 步兵)이라 스스로 겁 많고 나약하여 먼저 무너져서 손을 쓸 수가 없으니 군사를 나누어 말 달리고 활 쏘게 해주오.'라고 매우 간절하게 말하였습니다.

길주도 두 곳으로 군사를 나누어 적과 서로 대치하고 있으니 병력을 타도로 옮기는 것은 형세로 보아 온당하지 않은 듯했으므로, 전부터 여러 장수의 논의가 일치하지 않아 미처 과감하게 출병하지 못했습니다. 이번에 생각건대 길주의 두 적은 기세가 꺾여 머리를 움츠리고 있는데, 앉아서 우리의 강한 군사들을 쉬게 하며 한 나라와 한 도(道)의 적을 토벌하지 않는 것은 사리에 합당하지 않는 것이 아닐까 하였습니다. 즉시 정예기병 200여 명을 뽑아서 네 부대로 나누었는데, 1부대장은 구황(具滉), 2부대장은 박은주(朴銀柱), 3부대장은 인원침(印元忱), 4부대장은 고경민(高敬民)으로 갈라놓아 체재를 갖춘 듯하였습니다. 각기 50씩 이끌고 1월 20일 다신리(多信里)를 떠나서 산길을 따라 22일 단천(端川)에 이르렀는데, 이튿날 아침에 네 부대가 군사를 성 밖으로 20리쯤 되는 곳에 숨어 있게 하고 단천군(端川軍) 30명을 시켜 성 밖의 5리쯤 되는 곳으로 나아가 머무르며 싸움을 도발하도록 하였습니다. 그랬더니 성안에 머물던 왜적들은 여러 차례 승리한 것에 건방져서 조금도 거리낌이 없이 200여 명이 한꺼번에 성을 나와 곧바로 단천군을 추격하는지라, 거짓으로 패한 체하며 되돌아 달아날 즈음 지친 말을 탔던 군졸이 적에게 죽자 적은 더욱 승세를 타고 멀리 쫓아와 곧장 우리 군사의 복병이 있는 곳에 이르렀습니다.

네 부대의 복병들이 한꺼번에 별안간 튀어나와 적들의 전방을 가

로막기도 하고 허리 부분을 가르기도 하며 후방을 끊기도 하면서 화살을 빗발치듯 퍼붓자, 왜적들은 갑자기 튀어나온 기병을 만나 허둥지둥 어찌할 줄 모르고 철통(鐵筒)을 마구 쏘아대는데도 모두 헛방으로 맞지 않으니 바삐 달아나기에 겨를이 없어 감히 대항하지 못했는데, 성 밑까지 추격하자 거의 다 사살되고 겨우 30여 명이 남았지만 하나하나 화살에 맞은 채 성안으로 들어갔습니다. 대개 적을 죽인 수효가 적어도 100여 명에 밑돌지는 않을지라도, 북군(北軍)의 기병들은 오로지 말을 탄 채로 활을 쏘기만 하여 낱낱이 적의 머리를 베지 못했을망정 싸우면서 20여 리나 갔는데, 단천의 보병들은 그 뒤를 따르며 적의 귀와 머리를 거두어 모았다고 하는바 그 수효가 얼마나 되는지 알 수 없습니다. 네 부대가 목을 베어 죽인 적이 1부대는 왼쪽 귀가 21개, 2부대는 14개, 3부대는 15개, 4부대는 11개로 모두 61개를 봉하여 올려보냅니다.

이달 19일 길주성(吉州城) 밖에 있던 복병장(伏兵將) 원충서(元忠恕)의 치보(馳報)에 의하면, '왜적 100여 명이 남문(南門) 밖으로 1리 정도 떨어져 진(陣)을 쳤는데, 왜장 하나가 두 왜놈이 양쪽에서 몰이하는 쌍견마(雙牽馬)를 타고서 남쪽을 향해 나와 2리 정도 떨어진 곳에 이르러 견마잡이 두 왜놈을 뒤처지게 하여 은신시켜 두고 혼자 말을 타고서 3리 정도에 이르렀다. 원충서가 직접 정예기병 10여 명을 이끌고 잠복하여 망보다가 한꺼번에 큰 소리를 내며 별안간 튀어나오자, 적장이 허둥지둥 말을 제어하지 못하고 바로 말에서 떨어졌다. 원충서가 활을 쏘아 맞히고 종성 갑사(鍾城甲士) 신수(申

守)가 목을 베었으며, 보병 왜군 1명이 우리의 화살에 맞아 거꾸러지자 문밖에 있던 왜적들이 잡아끌고 성으로 들어가서 목을 벨 수가 없었으며, 적장의 왼쪽 귀만 잘랐다.'라고 하여 봉하여 올려보냅니다. 입었던 비단옷 3벌, 환도 1자루, 금안(錦鞍: 비단 안장) · 갑안(甲鞍: 갑옷 안장) · 말들은 왜적과 접전하다 공로가 있는 사람에게 논공행상하여 나누어 주었습니다. 길주 목사(吉州牧使) 정희적(鄭熙績)이 보내온 첩정(牒呈)에 의하면, '길주 사람으로 사노(私奴) 사랑금(思郎金)이 왜적 1명의 목을 베어 바쳤고, 복병군(伏兵軍) 사노(寺奴) 윤희(尹熙) 또한 왜적 1명의 목을 베었다.'라고 하였으며, 또 원충서의 치보(馳報)에 의하면, '부령(富寧) 정노위(定虜衛) 차덕홍(車德弘)이 왜적 1명의 목을 베었다.'라고 하였습니다. 4개의 귀를 합하여 올려보내니, 모두 합하면 65개입니다.

무릇 이처럼 왜적을 격파한 사소한 일에 일일이 공로를 기록하여 장계를 올려 아뢰옵거니와, 벼슬과 상은 한정이 있고 왜놈의 귀는 끝이 없으니, 조정에서 베풀기에 난처한 일이 있을까 제멋대로 망령되이 생각되었으므로 전날 가부(加夫) · 임명(臨溟) 두 곳에서의 전공(戰功)을 모두 기록해 아뢰지 않았습니다.

신(臣)이 대장에서 교체된 후에 회령 부사(會寧府使) 정현룡(鄭見龍)이 대신하여 대장이었을 때, 순찰사의 관문(關文: 공문서)에 근거해 모두 등급을 나누어 순찰사에게 첩문(牒文: 공문서)으로 보고하라고 하였습니다. 바로 지금 단천(端川)의 전공(戰功)을 아뢰지 아니한 경우에는 전례(前例)에 어긋남이 있을 뿐 아니라 장사와 군졸들에게 불만을 사 원망받을 것이며, 한 사람의 얕은 소견으로서 마음대로 저지시키는 것도 온당하지 않으므로 관례를 따라 전공을 기록하여 아룁니다. 빼앗은 물건들도 또한 기록하여 아뢸 것이나, 지금처럼 군수 물자가 탕진된 때를 당하여 군사들의 포상 물품으로 사용하도록 내려주고 난 다음에 올려보내려고 해도 보낼 수가 없으니 지극히 황공합니다. 그 가운데 왜적의 총통(銃筒)은 전날 비변사(備邊司)의 관문(關文)에 근거하여 파손된 것일망정 20개를 이미 올려보냈으며, 이번에 빼앗은 20개는 추후 올려보내겠습니다.

  본도(本道: 함경도)의 병장기가 탕진되어 그것을 조처하여 갖추기가 매우 급한데, 어교(魚膠: 부레풀)·궁현(弓弦: 활시위)·궁전모(弓箭帽: 화살 꼭지)가 가장 긴요하지만 변통하여 마련해 낼 길이 없어 지극히 답답하고 염려스러우니 조정에서 조처하여 내려보내 주시기를 바라옵니다. 허다한 군마(軍馬)에 융무(戎務: 군대에 관한 사무)가 번거로운 듯한데, 어리석고 변변찮은 낮은 관리가 문서를 도맡아서 일을 처리하는데 많이 어긋나는 것이 이어집니다. 수성 찰방(輸城察訪) 최동망(崔東望)·군자 직장(軍資直長) 겸 성균 권지학유(成均權知學諭) 이성길(李成吉)이 바야흐로 군중(軍中)에 있는바, 그들에게 종사관(從事官)의 칭호를 주어서 문서 맡아보는 사람을 거느리도록 하는 것 또한 생각했습니다. 그러나 신(臣)은 하찮은 막하(幕下)의 관리로서 공로가 적지 않은 같은 반열의 문관(文官)을 임용하여 막하의 보좌하도록 하는 일이 매우 온당하지 않아서 제멋대로 처리하지 못했습니다.

서장(書狀)을 받들어 가지고 가는 사람은 경성(鏡城) 정배인(定配人: 정배 죄인) 진무(鎭撫) 김귀겸(金貴謙)인데, 처음 의병을 일으킬 때를 당하여 스스로 지원해 종군하며 왜적과 직접 맞부딪쳐 싸우고 칼날을 무릅썼으니 군공록(軍功錄)에 이름을 올리는 일인 만큼 이러한 연유로 아룁니다.

만력 21년 계사년(1593) 1월 27일

端川破倭賊緣由及請軍器崔東望·李成吉從事官差定狀啓。

前年十二月分[1], 臣北行六鎭, 今年正月十三日, 回還吉州次。以在鏡城朱村[2]道中, 得巡察使關字, 以臣還定大將爲白有去乙, 進到吉州城外十餘里許右衛將韓仁濟軍中, 餉勞將士, 本月十八日, 進到本州多信里, 餉勞左衛將柳擎天·中衛將吳應台所率將士, 因爲留駐本處, 欲爲吉城·嶺東兩處, 相機策應爲白如乎, 端川郡守姜燦[3], 親到軍中言內, 端川留賊, 恣意橫行爲良置, 兵皆

---

1 分(분): 이두 표기. (시간) ~에.

2 朱村(주촌): 朱村驛. 함경도 鏡城府 남쪽 79리에 있던 驛站. 輪城道의 屬驛으로, 남쪽으로는 명천·길주 방면, 북쪽으로는 경성·부령 방면과 연결되는 한양~경흥간 간선 교통로상에 위치하였다.

3 姜燦(강찬, 1557~1603): 본관 衿川, 자는 德輝, 호는 東郭. 1582년 사마시를 거쳐 이듬해 알성 문과에 급제하여 승문원 정자·검열·이조 좌랑을 지냈다. 1592년 端川郡守로 있을 때 임진왜란으로 두 왕자가 회령에서 적의 포로가 되자 의병을 모아 싸우는 한편, 행재소에 결사대를 파견하여 회령사태를 보고하였다. 동부승지·우승지·황해도 관찰사를 지냈고, 황해도 병마절도사·강계 부사를 거쳐 1600년 병조참의, 이어 여주 목사로 있다가 延安에서 병사하였다.

步卒, 怯懶先潰, 下手不得, 分軍馳射, 亦懇懇說道爲白齊。吉州
段置, 兩處分兵, 與賊相持, 移兵他道, 勢似非便乙仍于, 自前諸
將論議不一, 未果出兵爲白有如乎。節思量爲白乎矣, 吉州兩賊,
勢挫縮頭爲白有去等, 坐休强兵, 不討一國一道之賊, 事理乖當
爲白乎去。卽抄精兵二百騎, 分四隊, 一隊將具混, 二隊將朴銀
柱, 三隊將印元忱[4], 四隊將高敬民, 岐如定體。各率五十名, 同
月二十日, 多信里離發, 由山路, 二十二日, 到端川, 翌朝四隊,
藏兵於城外二十里許, 使端川軍三十名, 進次城外五里許, 挑戰
爲白乎矣。城中留賊, 狃於屢勝, 略不顧忌, 二百餘名, 一時出
城, 直追端軍爲白去乙, 佯敗還走之際, 疲馬之卒, 爲賊所殺, 賊
又乘勝遠追, 直至伏處爲白去乙。四隊伏兵, 一時突出, 或遮其
前, 或截其腰, 或斷其後, 射矢如雨爲白乎矣, 倭賊猝遇突騎, 倉
皇失措, 多放鐵筒爲白良置, 皆爲虛放不中, 奔走無暇, 莫敢相
抗, 追至城底, 幾盡射斬, 僅餘三十餘名, 箇箇中箭, 入城爲白
齊。大槪殺賊之數, 小不下百餘名是白良置, 北軍騎兵, 專以騎
射, 未得一一斬馘。轉戰二十餘里[5], 端川步卒, 從後拾得耳級是
如爲白良置[6], 未知厥數幾何是白在果。四隊所斬段, 一隊左耳二
十一, 二隊十四, 三隊十五, 四隊十一, 合六十一箇, 監封上送爲

---

4 印元忱(인원침):《宣祖實錄》에는 鄭元忱으로 나옴.
5 이 부분까지《宣祖實錄》1593년 2월 24일 9번째 기사임.
6 是如爲白良置(시여위백양치): 이두 표기. ~이라고 하옵셔도.

白齊。本月十九日, 吉州城外, 伏兵將元忠恕馳報內, 倭賊百餘名, 南門外一里許出屯, 有一倭將, 挾兩倭雙牽馬, 向南出來, 至二里許, 牽馬二倭乙, 落後隱置, 單騎至三里許爲有去乙。同元忠恕亦[7], 親率精騎十餘名, 潛伏伺候[8]爲白有如可, 一時高聲突出, 賊將蒼黃不能制馬, 因爲墜落爲白去乙。元忠恕射中, 鍾城甲士申守斬頭, 步倭一名, 中箭顚仆, 門外諸倭, 扶曳入城, 斬頭不得, 同賊將左耳割取, 亦爲監封上送爲白乎旀。所着錦衣三件, 環刀一柄, 錦鞍·甲鞍·馬段, 接戰有功人, 論賞分給爲白有旀。吉州牧使鄭熙績, 牒呈內, 州民私奴思郎金, 斬納一級, 伏兵軍寺奴尹熙, 亦斬一級, 又元忠恕馳報內, 富寧定虜衛車德弘, 斬一級。合四耳, 亦爲上送, 都合六十五級是白齊。凡此些少破賊事良中, 一一錄功啓聞爲白在果, 爵賞有限, 倭耳無窮, 朝廷施報, 有所難處爲白乎去, 私自[9]妄料乙仍于, 前日加夫·臨溟, 兩處戰功乙, 皆不錄啓爲白有去乎。臣遞大將之後, 會寧府使鄭見龍代將時, 巡察使關據, 竝只分等, 巡察使處, 牒報是如爲白去等。今此端川戰功, 不爲上聞爲白在如中, 非徒有乖前規, 士卒缺望[10], 一己淺見, 擅自沮抑, 亦爲未安乙仍于, 依例錄功, 報聞爲白齊。所奪物件, 亦爲錄啓爲白良置, 當此軍需板蕩之時, 軍賞用下, 次

---

7 亦(역): 이두 표기. ~이(가).

8 伺候(사후): 동정을 엿보거나 탐색하는 것을 이름.

9 私自(사자): 제멋대로.

10 缺望(결망): 바라는 대로 이루어지지 않아 원망함.

以上送不得, 極爲惶恐。其中倭銃筒段, 前日備邊司關據, 破件
二十箇, 已爲上送爲白有如乎, 節所奪二十箇, 追于上送爲白
齊。本道軍器蕩盡, 措備急急, 魚膠[11]·弓絃[12]·弓箭帽, 最關爲
白乎矣, 辦出無路, 極爲悶慮, 朝廷以措置下送爲白乎去望良白
乎旅。許多軍馬, 戎務似煩, 迷劣下吏, 專掌文書, 事多乖錯弦
如。輸城察訪崔東望·軍資直長兼成均權知學諭李成吉, 方在軍
中爲白乎等以, 從事官稱號, 帶率文書次知, 亦計料爲白良置。
臣以幺麼幕下之官, 不少同列文官乙, 任爲幕佐, 事甚乖當, 不敢
擅便[13]爲白乎旅。書狀陪持人段, 鏡城定配人鎭撫金貴謙, 當初
倡義時, 自募從軍, 接戰鋒刃, 參錄[14]軍功爲白臥乎事是良尒。詮
次以善啓向敎是事。

萬曆二十一年癸巳正月二十七日。

---

11 魚膠(어교): 부레풀. 생선의 말린 부레를 끓여서 만든 풀.

12 弓絃(궁현): 弓弦. 활시위. 활대에 걸어서 켕기는 줄이다.

13 擅便(천편): 제멋대로 행동함.

14 參錄(참록): 功臣謄錄과 軍功謄錄 등 국가의 공식 문서에 이름이 올라가는 것.

08

왜적의 대군과 백탑교에서 싸워
왜적을 패퇴시킨 장계

단천(端川)의 왜적들을 섬멸하거나 사로잡기 위하여 4개의 부대로 나누고 그 부대장을 정해 보냈더니, 훈련 정(訓鍊正) 구황(具滉) 등이 밤새도록 내달려 1월 27일 길주(吉州)로 되돌아와 말한 것에 의하면, '남도(南道: 함경남도)의 왜적 1천여 명이 이미 마천령(磨天嶺)을 넘었다.'라고 하였습니다. 신(臣)은 즉시 삼위병(三衛兵)을 거느리고, 길주(吉州)·임명(臨溟) 지역에 진(陣)을 치도록 하였으며 정예기병 600명을 가려 뽑아 떠나도록 하고 복병이 되어 망을 보게 하였습니다. 그랬더니 그 왜적들이 영동(嶺東)에 머물러 있는 왜적과 합세하여 28일 아침 일찍 비로소 임명 들판에 가득 모여 길주를 향해 쳐들어왔습니다. 복병장(伏兵將)으로 훈련 정(訓鍊正) 구황(具滉), 첨정(僉正) 박은주(朴銀柱), 첨사(僉使) 강문우(姜文佑), 판관(判官) 인원침(印元忱)·고경민(高敬民), 정로위(定虜衛) 김국신(金國信)이 각자 부하들을 이끌고서 적의 후방을 공격하며 접전하였고, 삼위병은 적들의 전방을 가로막기도 하고 허리 부분을 가르기도 하며 들락날락 접전하였으니, 진시 초(辰時初: 아침 7시)부터 유시(酉時: 오후 6시 전후)까지 60여 리를 추격하였습니다. 훈련 판관(訓鍊判官) 원충서(元忠恕)는 길주성(吉州城) 밖으로 20리쯤 되는 곳에서 복병해 있다가 또한 갑자기 튀어나와 접전하였는데, 화살을 쏘고 철환(鐵丸)은 피아간 다 같이 쏘아댔으므로 짧은 창과 칼 따위로 서로 접전할 수가 없어서 다만 날쌘 기병으로만 달려가 쫓으며 땅이 넓으면 협공하고 땅이 좁으면 적의 후방을 공격하였습니다. 종사관(從事官) 학유(學諭) 이성길(李成吉)에게 전령(傳令)을 주어 적진에 가깝게 추격해 싸움을 독려하게 하였더니, 적과 서로의 거리가 10여 걸음 떨어진 곳에서 종일토록 말달리며 화살을 쏘자 흐르는 피가 길에 가득하고 화살에 맞아 죽은 자가 부지기수였지만, 왜적들이 시체를 싣고 가버렸으므로 낱낱이 목을 벨 수가 없었습니다.

대개 본도(本道: 함경도)의 군사와 백성들은 왜적에게 쌓인 두려움으로 겁내고 있다가 갑자기 대규모의 왜적을 만나자 다분히 스스로 기가 꺾이는 것을 생각하고서 감히 뒤섞여 마음껏 싸우지 못하여 왜적들로 하여금 성에 들어가게 했으니 지극히 원통하고 분합니다. 같은 날 단천 군수(端川郡守)의 간통(簡通: 통지문)에 의하면, '왜적 2천여 명이 또 이성(利城)에 이르렀다.'라고 하였으니, 먼저 온 적들이 영동·길주의 적들과 서로 합세하면 적어도 2만여 명 아래로 내려가지 않을 것인데, 또 이성(利城)에 도착한 2천 명이 계속해서 이르는 경우 적의 꾀를 헤아리기가 어려운데다 적이 깊이 쳐들어와 마음대로 독기를 부릴 염려가 없지 않았습니다.

그래서 삼위병(三衛兵)이 서로 모여 약속하였는데, 중위병(中衛兵)·좌위병(左衛兵)은 명천(明川)을 차지해 지키고, 우위병(右衛兵)은 서북보(西北堡)를 지키고, 길주 목사는 좌위병에서 정예병에 속하지 못한 군사들을 따로 떼어 다신리(多信里)의 창고 곡식을 해도(海島)로 옮기도록 하고, 신(臣)은 부하 100여 명을 이끌고 경성(鏡城)으로 들어가 민심을 진정시키고 성을 지킬 계획이었습니다.

중위(中衛)·우위(右衛)에 속한 군사들은 각기 위장(衛將)을 따라 진영(陣營)이 있는 곳으로 왔고, 좌위군(左衛軍)은 모두 길주의 군사들로 목사(牧使)와 함께 의병을 일으킨다는 핑계로 모조리 해도(海島)에 들어갔으므로 좌위장이 겨우 척후병 및 좌부병(左部兵) 모두 100여 명을 이끌고 명천(明川)으로 들어갔다고 했습니다. 한 해를 보내며 전쟁터에 나가서 이미 관군이 되었다가 한번 대규모의 왜적을 만나자 성을 피해 지키려고만 꾀하여 문득 피란할 계책을 도모하니, 민심이 이러하여 지극히 한심스러웠습니다. 왜적 등이 혈전을 벌여 성에 들어가서 죽은 자들을 거두어 관청에 쌓아놓고 그 시신을 불태웠으며, 이튿날 성안의 관청과 민가를 죄다 불태우고서 밤을 틈타 몰래 달았습니다. 우위장 우후(虞候) 한인제(韓仁濟)가 군사를 거느리고 달려와 곧장 성안으로 들어가서 불을 껐는데, 성안에 있던 곡식들이 태반이나 온전히 남겨져 있었습니다.

삼위장이 한꺼번에 추격하여 영동(嶺東)에 이르렀는데, 왜적 등이 밤낮으로 바삐 달려가서 밥 지어 먹을 겨를도 없이 남쪽을 향하여 떠나 돌아갔으므로, 추격하였지만 격살(擊殺)할 수가 없었습니다. 적이 물러간 뒤에라도 급히 추격하는 것이 마땅하니, 낮과 밤이나 멀고 가까움을 말할 것도 없이 적이 간 곳까지 뒤를 쫓아감 직하옵니다. 그러나 오직 정예병 등이 단천(端川)을 왕래하며 이틀 길을 하루에 달리는 사이 말을 먹이지 못한데다 종일토록 힘껏 싸워서 사람도 지치고 말도 지쳐 능히 발을 옮길 수가 없었습니다.

또 이번 추격은 하루에 150리를 가야 했었으므로 마천령(磨天嶺)과 같은 큰 고개를 넘어갈 수 없는 이유였을 뿐만 아니라, 단천(端川) 이남은 왜적이 전부터 마음대로 횡행하여 민가의 곡식과 마초(馬草)를 분탕질하여 하나도 남아있지 않아 군사들이 의지할 곳도 없고 말들이 먹을 마초도 없었으므로 미리 대비하지 않고 함부로 넘어갔다가는 군대가 전쟁터로 가는 큰일이 졸지에 나아가지도 물러나지도 못하고 앉아서 굶주리거나 궁핍할 것이라, 그 결과로 단천 군수(端川郡守)에게 공문을 보내어 마초와 양식의 준비 여부를 알아보려 하였습니다.

한편, 북절상선(北口尙船)으로 양식과 마초를 실어 나르고 정예병을 뽑아 남쪽으로 향하려고 계획하였거니와, 오직 왜적이 남쪽으로 달아나는 데만 급하니 철령(鐵嶺)에 이르렀을 때 북도(北道)의 군사와 말들이 먹을 양식과 마초들을 마련해 낼 길이 없어서 형세로 보아 끝까지 추격하기가 어려운데 어찌해야 할지 모르겠습니다. 신(臣)이 북도(北道)에 있을 때는 북병사(北兵使)가 때마침 임지에 당도하지 못하였으므로 주장(主將)의 일을 임시로 행했으나, 이제는 북병사가 남도(南道)에 있는데 막하(幕下)의 관리가 도내(道內)의 군마(軍馬)를 제멋대로 이끄는 것이 사리에 심히 어긋나므로 거느리고 있는 군마를 병사(兵使)에게 넘겨 맡길 계획입니다.

28일에 전사한 사람은 주을온 만호(朱乙溫萬戶) 이희당(李希唐)으로 있는 힘을 다하여 사투를 벌이다가 날이 저물 때 철환(鐵丸)에 맞아 죽었으며, 경성(鏡城)에 사는 전 훈도(前訓導) 이붕수(李鵬壽)는 처음 의병을 일으킬 때부터 정성을 다하여 분주히 적진 속을 드나들며 적의 허실을 엿보았고 자신을 잊고서 나라를 위하고자 이번에도 분발하여 맨 먼저 오르기를 자원했는데 철환에 맞아 죽었으며, 그 나머지 사졸이 죽은 자가 25명입니다. 왜적은 9명의 목을 베어서 봉하여 올려보내며, 말을 빼앗은 것이 15필입니다. 화살에 맞아 죽은 시신을 싣고 성에 들어가 관청에서 태운 것이 무려 100여 명이어도 귀를 잘라 올리지 못하는 일인 만큼 이러한 연유로 아룁니다.

만력 21년 계사년(1593) 2월 2일

與倭賊大軍戰白塔郊及倭賊退走狀啓。

端川倭賊勦捕次, 以分四隊, 定將起送爲白有如乎。訓錬正具滉等達夜奔馳, 正月二十七日, 還到吉州言內, 南道倭賊千餘名, 已越磨天嶺是如爲白去乙。臣卽領三衛兵, 屯駐吉州·臨溟地, 抄發精騎六百, 伏兵待候爲白有如乎。同倭賊, 嶺東留倭合勢, 二十八日早朝, 始叱瀰滿臨溟野中, 入向吉州爲白去乙。伏兵將

訓鍊正具滉, 僉正朴銀柱, 僉使姜文佑, 判官印元忱 · 高敬民, 定
虜衛金國信, 各率所部, 尾擊接戰, 三衛段, 遮前截腰, 進退接戰,
自辰初至酉時, 追至六十餘里。訓鍊判官元忠恕段, 吉州城外二
十里許, 伏兵爲白有如可, 亦爲突出接戰, 射矢鐵丸彼我俱發爲
白乎等以, 未得短兵[1]相接, 只以輕騎馳逐, 地廣則挾擊, 地窄則
尾擊。從事官學諭李成吉, 給傳令, 迫至賊陣, 使之督戰, 與賊相
距十數步, 終日馳射, 流血滿道, 中箭死者, 不知其數爲白良置,
倭賊載屍而去乙仍于, 未得一一斬馘爲白齊。大槪本道軍民, 爲
倭賊積威所劫, 猝遇大賊, 多懷自沮, 不敢交雜快戰[2]乙仍于, 使
賊入城, 極爲痛憤爲白旀。同日端川郡守簡通[3]內, 倭賊二千餘
名, 又到利城是如爲有去等[4], 先來之賊, 與嶺東 · 吉州相合, 少
不下二萬餘名, 又有利城二千, 繼至爲白在如中, 賊謀難測, 不無
深入肆毒之患。弦如三衛相會約束, 中衛 · 左衛段, 據明川, 右衛
段, 守西北堡, 吉州牧使段, 除出左衛不精軍, 移轉多信倉穀于海
島, 臣段, 率麾下百餘名, 入向鏡城, 欲爲鎭定城守之計爲白如
乎。中衛 · 右衛所率軍段, 各隨衛將, 來到陣所, 左衛軍段, 皆是

---

1 短兵(단병): 短兵接戰. 창이나 칼 따위의 短兵을 가지고 가까이 가서 肉薄하는
  싸움.
2 快戰(쾌전): 마음껏 싸우는 일.
3 簡通(간통): 정식 공문서는 아니나 공적인 업무에 관한 통지를 담은 통문의 기능
  이 강한 공행 문서.
4 是如爲有去等(시여위유거등): 이두 표기. ~이라고 하였거든.

吉州軍是白乎等以[5], 托稱與牧使起義兵, 盡入海島乙仍于, 左衛將, 亦僅率斥候及左部, 并百餘名, 入向明川爲白臥乎在亦。經年赴戰, 已爲官軍爲白有如可, 一遇大賊, 謀避城守, 便生避亂之計, 民心如此, 極爲寒心爲白齊。倭賊等, 血戰入城, 收取死者, 積置官廳, 燒其屍身, 翌日, 盡燒城內公私廨, 乘夜潛遁爲白去乙。右衛將虞候韓仁濟, 領軍馳到, 卽入城內, 滅火爲白矣, 城中留穀, 太半全在爲白齊。三衛將, 一時追擊, 到嶺東爲白矣, 倭賊等, 晝夜奔忙, 不暇炊飯, 南向出歸爲白乎等以, 追不及擊爲白齊。賊退之後, 所當急急追擊, 勿論晝夜遠近, 尾到賊到處爲白良音可爲白矣[6]。惟只精兵等, 往來端川, 倍日幷行[7]之際, 不得秣馬, 盡日苦戰, 人極馬疲, 不能運步。又此追擊, 日行百五十里爲白有去等, 磨天大嶺, 末由[8]踰越叱分不喩, 端川以南段, 倭賊自前恣意橫行, 閭家穀草, 焚蕩一空, 軍無依接之處, 馬無喂飼之草, 不爲預備, 輕自越去爲白有如可, 軍行大事, 猝未進退, 坐見饑乏絃如, 端川郡守處移文, 蒭糧準備與否, 探聽爲白旀。一邊以北丁尙船輸運糧草, 選精兵南向計料爲白在果, 惟只倭賊急於南走, 至於鐵嶺爲白在如中, 北道軍馬糧草, 辦出無路事良中, 勢難窮追, 未知何如爲白乎旀。臣在北道時段, 北兵使時未

---

5   是白乎等以(시백호등이): 이두 표기. ~이사온 줄로.

6   爲白良音可爲白矣(위백양음가위백의): 이두 표기. ~하사얌직하사오되.

7   倍日幷行(배일병행): 이틀 갈 길을 밤낮으로 쉬지 않고 하루에 감.

8   末由(말유): 되지도 않는 이유.

到界乙仍于, 權行主將之事爲白如乎, 節北兵使在南道爲白有去
等, 幕下之官, 擅率道內軍馬, 事體甚乖爲白乎等以, 所率軍馬
乙, 移屬兵使計料爲白齊。二十八日, 戰亡人段, 朱乙溫萬戶李
希唐, 極力死鬪, 日暮時, 中鐵丸身死, 鏡城居前訓導李鵬壽, 自
初倡義時, 盡誠奔走, 出入賊中, 窺覘虛實, 忘身徇國爲白有如
可, 節奮願先登[9], 中鐵丸身死, 其餘士卒死者, 二十五名是白
遣。倭賊段, 斬馘九級, 監封上送爲白乎旀, 奪馬十五匹爲白有
齊。中箭載屍入城, 官廳燒屍段, 無慮百餘名是白良置, 割耳上
送不得爲白臥乎事是良尒, 詮次以善啓向敎是事。

萬曆二十一年癸巳二月初二日。

9　先登(선등): 맨 먼저 오름. 다른 사람보다 앞서서 성 위에 올라가 적을 공격함을
이르는 말이다.

09

왜적이 패하여 달아난 뒤
장사들의 군공을 마련한 장계

　정월 28일 남도(南道: 함경남도)의 왜적이 영동의 왜적과 합세하여 길주를 향해 쳐들어올 즈음, 임명(臨溟)의 들판에서 길주(吉州)의 성 밑에 이르기까지 종일토록 접전하여 무수히 화살을 쏘아 적을 죽였습니다. 온 힘을 다하여 싸운 장수와 군사들은 마땅히 군공안(軍功案)을 마련하고 등급을 나누어 장계를 올려 아뢸 일이거니와, 오직 통쾌하게 싸워 대첩을 거두지 못하고 적으로 하여금 성에 들어왔다가 밤을 틈타 달아나게 하였으며, 처음부터 끝까지 적을 벤 것이 다만 9명이었을 뿐이고 나머지는 다 적들이 시체를 싣고 가서 불태웠습니다. 그런데 목을 벤 9급(級)만으로 논공행상하여 아뢰는 것이 실로 온당하지 못한 탓으로 적의 목을 벤 사람만이라도 등급을 나누지 않고 나란히 기록하여 마련하고, 신(臣)은 부질(斧鑕: 형구)에 엎드려 죄를 기다립니다. 만일 이 적이 밤낮을 가리지 않고 곧장 남쪽 길을 향할 경우, 단천(端川) 이남은 일대의 민가(民家)가 전부 분탕질당하여 군사와 말들이 길에서 자는 일이 있을까 하거니와 마초(馬草)와 양식을 준비하기가 극히 어려워 차차 조치하여야만 비로소 행군할 수 있는 형편이옵니다. 지경 안에 있는 적을 밖으로 내어 보내고도 편하게 앉아서 추격하지 못하니, 지극히 원통하고 분하여 간장이 찢어지는 듯합니다.

본도(本道: 함경북도)는 한 해를 보내며 도적의 소굴이 되어 남자 장정은 전쟁터에 달려갔고, 노약자는 운반하는 고된 일을 하여 장차 절로 쓰러져 죽는 근심이 있을까 하여도, 군사와 백성들은 모두 적과 함께 살 수 없다는 것을 알고 있으므로, 유생(儒生) 등은 징발하기에 이르러 구석진 지역에서 징발이 없었음에도 애초부터 스스로 자원하여 전쟁터로 달려가 전공(戰功)을 세우기에 이른 것입니다. 그런데도 조정의 사목(事目: 규정)에 의하면, 자원한 사람 등은 논공행상할 적에 차등이 또한 있으므로 자원한 사람들을 책으로 만들어 각기 이름 아래 논공하여 올려보냅니다.

토급제(土及第) 안원 권관(安原權管) 강문우(姜文佑)는 애초부터 의병을 일으켜 적의 목을 베어 오는 공을 세웠을 뿐만 아니라, 여러 차례 전쟁터에 달려가 있는 힘을 다하여 맨 먼저 성에 오를 때마다 큰 공을 세웠는데, 이번에 지난해 11월 7일 임금의 재가를 받아서 건공장군(建功將軍: 종3품의 무관 품계) 미전 첨사(美錢僉使)로 임명하여 보냈었던 것을 12월 8일 또 창신교위(彰信校尉: 종5품의 무관 품계) 훈련 판관(訓鍊判官)으로 품계를 낮추어 제수하였으니, 그 연유를 알지 못하여 감히 이렇게 보고하며 아뢰어서 지극히 황공하옵니다.

장계를 받들어 가지고 가는 사람은 주부(主簿) 최배천(崔配天)인데, 당초에 의병을 일으켰으며 군공(軍功)을 세워 상으로 관직을 받았으나 재차 자원하여 장계를 받들어 갈 뿐만 아니라, 이번에 남쪽 왜적들이 쳐들어왔을 때도 종일토록 있는 힘을 다해 싸워 몹시 가상하므로 그의 원에 의하여 다시 보내는 일인 만큼 이러한 연유로 아룁니다.

만력 21년 계사년(1593) 2월 3일

倭賊退走後將士軍功磨鍊狀啓。

正月二十八日, 南道倭賊, 與嶺東合勢, 入向吉州之際, 自臨溟野至吉州城底, 終日接戰, 無數射殺。力戰將士, 所當軍功磨鍊, 分等啓聞事是白在果, 唯只未能快戰大捷, 使賊入城, 致有夜遁, 終始所斬, 只有九級, 餘皆載屍火燒爲白有等。斬馘九級叱分以[1], 論功上報, 實爲未安乙仍于, 所斬人叱分, 分等除良[2], 列書磨鍊, 臣段, 伏鑕待罪爲白乎旀。萬一此賊, 不分晝夜, 直向南路爲白在如中, 端川以南段, 一路人家, 全數焚蕩, 軍馬露宿是白乎乙去爲白在果, 蒭糧準備極難, 次次措置爲白良沙, 始爲行軍事是白去等。出送境內之賊, 安坐不追, 極爲痛憤, 肝膽如裂爲白齊。本道經年, 爲盜賊之窟, 男丁赴戰, 老弱轉輸, 將有自斃之患

---

1 叱分以(질분이): 이두 표기. 뿐으로. 만으로.

2 除良(제량): 이두 표기. 덜어. 감하여.

是白良置, 軍民皆知不可與賊俱生乙仍于, 儒生等, 至亦徵發, 隅無亦當初始叱, 自募赴戰, 至於立功爲白有去等。朝廷事目[3]內, 自募人等, 論功有差亦爲白乎等以, 自募各人等乙, 成冊, 各其名下, 論功上送爲白乎㫆。土及第安原權管姜文佑, 自初倡義, 首功[4]叱分不喩, 累次赴戰, 極力先登, 輒有大功爲白有如乎, 節前年十一月初七日, 下批[5]建功將軍[6]美錢僉使差送, 十二月初八日, 又差彰信校尉[7]訓鍊判官, 降資除受爲白有臥乎所, 未知其由, 敢此報槀, 極爲惶恐爲白齊。狀啓陪持人段, 主簿崔配天, 當初倡義及軍功賞職[8], 以再次自願陪持叱分不喩, 節南倭入來時段置, 終日力戰, 至爲可嘉乙仍于, 依願再送爲白有臥乎事是良尒, 詮次以善啓向敎是事。

萬曆二十一年癸巳二月初三日。

3　事目(사목): 行政 혹은 軍政, 법률의 적용 등에 관한 규정.

4　首功(수공): 적병의 목을 베어 오는 공.

5　下批(하비): 인사 임용에 관한 임금의 재가.

6　建功將軍(건공장군): 조선시대 무신의 종3품 상계의 품계명.

7　彰信校尉(창신교위): 조선시대 무신의 종5품 하계의 품계명.

8　賞職(상직): 국가에 특별한 공로를 세우거나 풍속을 두터이 하는 데 공을 세웠을 때, 상으로 내리는 관직. 주로 官品만 있고 관직은 없는 閑散職을 제수하였다.

10

순영에 보고한 첩문

병마평사(兵馬評事)가 상고(相考)한 일입니다. 이달 17일 단천(端川)에 접수된 것으로 왜적의 머리 벤 사연을 아뢴 첩정(牒呈: 공문서)의 서목(書目: 첨부 문서)을 회송한 내용에 의하면, '평사가 11월 19일 패배를 당한 이후에 북쪽으로 순행하려면 병사(兵使)의 지휘를 순순히 받아야 할 터인데도 적의 왼쪽 귀를 잘라 바칠 때 병사(兵使)를 제때 임지에 당도하지 않은 것이라면서 물리쳐 내쫓고 그 일에 관여하지 못하게 하였으며, 1월 28일 이후의 패전은 대장의 지휘가 아니라 하여 바닷길로 장계를 올렸던 것인지 상고하여 빨리 보고하도록 하였으며, 한 나라의 군사로써 일국(一國)의 적을 토벌할진대 단천에서 왜적을 토벌한 군사는 실로 평사(評事)의 개인 소유 군사로 처리되지 않아야 할 것이거든 단천에도 수로(水路)가 있으니 단천에서 참획한 적의 머리를 단천 군수가 장계(狀啓)를 올려야 하는 것이거늘 전부 빼앗아 가서 자기의 공으로 삼았는바 자못 공로를 자랑하지 않는 군자가 행하지 않아야 할 짓이다. 그리고 한백겸(韓伯謙: 韓百謙의 오기)을 토포장(討捕將)으로 정하여 임명한 첩문(帖文: 증명서)일지라도 급속히 거두어 우선 올려보내라. 각사(各社)에서 책을 만드는 것도 비변사(備邊司)의 관자(關字: 공문)를 등사하여 보낸 지 이미 오래되었으므로 급속히 시행할 것이며, 왜적의 말을 찾아 보내도록 한 말은 반드시 우연히 말하지 않은 것이므로 다시 상고하여 길주(吉州)에서 노획한 왜적의 말에 대해 각각의 이름 아래에 어떤 말은 누구누구에게 주었고 어떤 말은 아무 사또에게 올려보낸 것이라며 하나하나 기록해 속히 보고하되 앞의 일까지 통틀어서라도 하도록 회송한다.' 라고 하였습니다.

그래서 상고하옵건대, 11월 19일에 평사(評事)는 명천(明川)에서 중위장(中衛將) 정현룡(鄭見龍)·좌위장(左衛將) 류경천(柳擎天)·우위장(右衛將) 오응태(吳應台)로 삼위(三衛)를 나누어 영동관(嶺東館: 嶺東館柵城)으로 보내고 포위하여 목책(木柵)을 뽑으라고 했는데, 군졸들이 여러 차례 승리한 것에 건방져서 조심성 없이 나아갔다가 철환(鐵丸)에 맞아 그대로 죽거나 다쳤을 뿐이고 별달리 패주한 일이 없었으며, 설사 패전했다 하여 벌을 받는다 해도 일도(一道)의 명장 정현룡이 우선 벌을 받아야 할 것이며, 왜적의 귀를 베어 바치고 장계(狀啓)를 올려 아뢰는 일은 8도에서 의병을 일으킨 삭발 승려에 이르기까지 곧장 아뢰라고 하여 별달리 조정에서 금지하지 않았던 일에 평사만 곧장 아뢰며 왜적의 귀를 베어 바쳤다고 하여 그대로 죽을죄에 빠져야 할 바를 알지 못하며, 1월 28일도 남관(南關)의 전례(前例)대로 나라의 빛을 보고 보낼진대 군졸 하나도 상하지 않게 했을 것이거늘, 평사는 그릇된 판단으로 접전하여 피차간 모두 다치기는 했으나 별달리 패전한 일이 없었으나 죽음을 무릅쓰고서 장계를 올려 아뢰었으며, 단천(端川)에 머물러 있던 적을 소탕할 때도 단천 사람들이 실로 먼저 성에 올라 왜적의 목을 벨진대 반드시 북도의 군사들을 오라고 청할 필요가 없는 일이었으며, 각각의 사람이 벤 귀를 그대로 각자 가지고 돌아갔으므로 단천 군수에게 적의 귀와 머리를 바치려고 해도 바칠 수가 없었으며, 남이 벤 것을 빼앗아서 자기의 공으로 삼았다는 것은 종기의 고름을 빨고 치질을 앓는 밑을 핥는 자라도 차마 하지 못할 것이거든 평사가 비록 형편없다고 할망정 백일하에 감히 이런 일을 할 수가 없으며, 한백겸(韓伯謙: 韓百謙의 오기)을 토포장(討捕將)으로 임명한 첩문(帖文: 증명서)은 다만 눈으로 보지 못하였을 뿐만 아니라 실로 귀로도 듣지 못하였으므로 올려보내려고 해도 보낼 수가 없으며, 각사(各社)에서 만들어야 하는 책은 하나하나 재촉하였으나 각 관아에서 때맞춰 아직 첩문(牒文)으로 보고하지 않았으며, 왜적의 말을 빼앗은 수는 무려 수백 마리라도 숨기고 내놓지 않으니 일일이 찾아내려 해도 찾아낼 수가 없고 장부에 기록돼 100여 필(匹)도 혹시 군공(軍功)으로 뺏은 사람에게 아주 주었을 뿐이고 서좌랑(徐佐郎: 徐渻)이 전한 말은 전부터 알 수 없다고 이미 첩문(牒文)으로 보고하였습니다.

대개 종묘사직은 빈터가 되고 임금의 수레가 피난길에 올랐는데,

신하 된 자가 조금이라도 공리(功利)를 취하는 마음을 품고서 적을 토벌하는 것을 급하게 여기지 않는다고 할진대는 비록 인간의 재앙을 면할지라도 반드시 하늘이 내리는 재앙이 있을 것이므로 일편단심 적을 치는 것 외에 세상의 물정과 인간사의 곡절을 돌아볼 겨를이 없이 곧바로 행하고 의심하지 않았더니, 이번에 남으로부터 모함받아 끝내 중죄에 빠지는 바람에 참소하거나 간사한 무리가 어두운 벽 사이에서 웃게 하였을까 몹시 답답하고 염려스러운 일인 만큼 도순찰사(都巡察使)를 겸하는 사도에게 첩문(牒文)으로 보고합니다.

계사년(1593) 2월 19일

巡營牒報。

兵馬評事, 爲相考事。本月十七日, 到付端川倭賊斬馘, 啓聞辭緣, 牒報¹書目², 回送內, 評事亦, 十一月十九日, 見敗之後, 欲爲北巡, 則順受兵使節制, 而獻馘之時, 兵使乙未到界是如, 斥而黜之, 使不得與聞³於其間爲旀, 正月二十八日之後敗, 則非大將

---

1 牒報(첩보): 牒呈. 조선시대 하급 관아에서 상급 관아로 올리는 문서.
2 書目(서목): 조선시대 下官이 上官에 올리는 牒呈 등에 具備하는 문서. 서목에는 첩정에 첨부하는 서목과 문장에 첨부하는 서목이 있다. 첩정에 첨부하는 경우는 단지 서목이라 하고, 문장에 첨부하는 경우는 문장 서목이라 한다. 서목에는 원장의 대강을 쓰게 되며, 원장에 첨부된 서목을 받은 상관은 서목의 여백에 원장에 대한 處分을 쓴 뒤 원장과 서목을 올린 하관에게 돌려주게 된다. 하관은 서목에 쓰여있는 상관의 처분대로 시행하게 된다.
3 與聞(여문): 關與. 어떤 일에 관계하여 참여함.

節制是喩[4], 亦爲水路狀啓爲喩[5], 相考馳報爲旀, 以一國之軍, 討一國之賊爲在如中, 端川討賊之兵, 實非評事私物之見處者是去等[6], 端川亦有水路, 端川所獲之餽乙, 端川郡守, 亦可狀啓是去乙, 全數奪去. 以爲己功爲有臥乎所[7], 殊非不伐[8]君子之所爲是齊[9]。韓伯謙[10]討捕將定體差帖乙良置[11], 急速收取, 爲先上使爲齊[12]。各社成冊段置, 備邊司關字乙, 謄送已久爲有昆[13], 急速施行爲旀, 責送倭馬之說, 必非偶然是昆[14], 更良[15]相考, 吉州所獲倭馬, 各名之下, 某馬段, 某某人許給, 某馬段, 某使道上使是如,

---

4 是喩(시유): 是隱喩. 이두 표기. ~인지. ~인 것.

5 爲喩(위유): 이두 표기. ~한지. ~한 것.

6 是去等(시거등): 이두 표기. ~이거든.

7 爲有臥乎所(위유와호소): 이두 표기. ~하였는 바.

8 不伐(불벌): 不伐其功. 스스로 칭찬하지 않고 자랑하지 않음을 이르는 말.

9 是齊(지제): 이두 표기. ~이다.

10 韓伯謙(한백겸): 韓百謙(1552~1615)의 오기. 본관은 淸州, 자는 鳴吉, 호는 久菴. 1579년 생원시에 합격했으나 이듬해 부친상을 당하면서 과거를 포기하였다. 1589년 鄭汝立의 시신을 거두어 염해준 일이 발각되고, 또한 정여립의 생질인 李震吉과 가깝다는 이유로 연좌되어 함경도에 유배되었다가, 1592년 임진왜란이 일어나면서 사면되었다. 석방될 때 적군에게 아부하여 반란을 선동한 자들을 참살한 공로로 內資寺 直長에 재기용되었다. 이후 호조좌랑·형조좌랑·청주목사·판결사·호조참의 등을 역임했다.

11 乙良置(을량치): 이두 표기. ~일지라도.

12 爲齊(위제): 이두 표기. ~하라.

13 爲有昆(위유곤): 이두 표기. ~하였으므로.

14 是昆(시곤): 이두 표기. ~이므로.

15 更良(재량): 이두 표기. 다시. 재차.

一一懸錄[16], 斯速牒報, 向事爲等如良置[17], 回送是置有亦[18]。相考爲乎矣, 十一月十九日段, 評事在明川, 中衛將鄭見龍·左衛將柳擎天·右衛將吳應台, 分三衛, 發送嶺東館倉, 圍抱拔柵亦爲乎矣[19], 軍卒等, 狃於累勝, 輕進逢丸, 仍致死傷叱分是遣[20], 別無敗走之事爲旀, 假說以敗受罪爲良置, 一道名將鄭見龍爲先受罪事是旀[21], 獻馘狀啓事段, 八道起兵, 削髮僧人至亦, 亦爲直啓, 別無朝廷禁斷事良中, 評事耳亦, 直啓獻馘, 仍陷死罪爲乎乙所知不得爲旀[22], 正月二十八日段置, 依南關例, 觀光致送爲在如中, 不傷一卒是乎事是去乙[23], 評事段, 妄意接戰乙仍于, 彼此俱傷, 別無敗軍之事乙仍于, 亦爲昧死, 狀啓爲有旀[24], 端川留賊, 勦捕時段置, 端川人實爲先登, 斬馘爲在如中, 不必請來北軍事是旀, 各人所斬乙, 仍各持歸乙仍于, 端川郡守處, 耳級乙, 進排[25]不得爲旀, 奪人所斬, 以爲己功事段, 吮癰舐痔[26]者之所不忍

---

16 懸錄(현록): 장부에 올려 적음.

17 爲等如良置(향사위등여량치): 이두 표기. 모두라도. 통틀어서라도.

18 是置有亦(시치유역): 이두 표기. ~이라고 하였으므로.

19 亦爲乎矣(역위호의): 이두 표기. ~라고 하오되.

20 叱分是遣(질분시견): 이두 표기. 뿐이고.

21 是旀(시며): 이두 표기. ~이며.

22 爲乎乙所知不得爲旀(위호을소지부득위며): 이두 표기. ~하올 바를 알지 못하며.

23 是乎事是去乙(시호사시거을): 이두 표기. ~인 일이거늘.

24 爲有旀(위유며): 이두 표기. ~하였으며.

25 進排(진배): 물거을 나라에 바침.

26 吮癰舐痔(연옹지치): 종기의 고름을 빨고 치질을 앓는 밑을 핥는다는 말. 윗사

是去等, 評事雖無狀[27], 白日之下, 不敢爲此事爲旀, 韓伯謙討捕
將差帖段, 非但目所不見, 實爲耳亦, 不聞乙仍于, 上使不得爲
旀, 各社成冊段, 件件催促, 各官時未牒報爲有旀, 倭馬所奪數
段, 無慮數百是良置[28], 隱匿不現, 一一搜覓不得, 置簿爲在百餘
匹內, 或以軍功永給所奪人叱分是遣, 徐佐郎傳言段, 自前始叱
知不得是如, 已爲牒報爲有齊. 大槪宗社爲墟, 乘輿蒙塵, 爲臣
子者, 少有功利之心, 不以討賊爲急爲在如中, 雖免人禍, 必有天
殃乙仍于, 一心討賊外, 世情人事間曲折乙, 有不暇顧, 直行不疑
爲如乎, 節爲人所搆, 終陷重律, 使讒奸之輩, 狸笑於暗壁之間爲
乎乙可, 至爲悶慮爲臥乎事是良尔[29], 牒報兼都巡察使使道.

　　　　　　　　　　　　　　　　　　癸巳二月十九日.

람의 비위를 맞추거나 아첨하기 위하여 더럽고 구역질 나는 일이라도 참고서
하는 간사한 자를 말한다.
27　無狀(무상): 못났음. 형편없음.
28　是良置(시량치): 이두 표기. ~이라도.
29　爲臥乎事是良尔(위와호사시량며): 이두 표기. ~하는 일인 만큼.

찾아보기

진사장계

辰巳狀啓

《농포집》 필사본 권1, 1750, 국립중앙도서관 소장

여기서부터는 影印本을 인쇄한 부분으로 맨 뒷 페이지부터 보십시오.

辛事是良尔牒報熏都巡察使使道癸巳二月十
九日

偶義討倭諭咸鏡道列邑守宰及士民檄書初

此題今以檄文謄刊其後始得扵忠州許○昶家自初

之見倻文集間刊其善高宇預玲瓏此文流傳尤農天圖末所書製許

祥之高祖大府使林制其有嘗讀其明壬辰檄文想宋像其

荅之人也再思李公青忠與日以壬辰既誅後賊云晋則

東為之辭之間公又有一檄輪魚由

此得其列而傳後殊可恨也

益聞忠臣捐軀而報主智者相時而圖試觀

聖朝之臣民孰劼亂日之忠智洪惟三國二百載

1

為一體若痌瘝于乃身爵位邁德通三尊惟交際
之必敬至扵勿藥喜之微愆諐加不世有之異恩
臣敢不為下克忠事君盡禮敬其主以及其偣與
坐未效扵宣尼人無恒不可作醫承書常戒扵易

斗

狀啓

倡義起兵八守鏡城後擊斬倭賊狀　啓

自鐵嶺失守西路阻絕未聞　朝命為白有如乎
節都巡察使萬觀察使金命元關字及　有旨隊
路塞不通次慶源府使吳應台朱乙溫萬戸李希希

2

唐王連萬戶安沃吾村權管具溉等以持德萬洞
村眠傳壽来到為白有去乙匠伏見 有告始知
行在萬安七道倭賊幾盡勦滅不勝感泣扴
周挺為白齊富初北方事段去六月十二日鐵嶺
兵潰後南道列邑軍民間有固志望風本散仍致
長驅之勢為白去乙上洛府院君匡金貴榮徵兵
北道為白良去乙北兵使韓克誠亦所當領兵親
赴事是白乎矣適音六鎮諸胡伺釁嘯聚將有腹
背受敵之患乙仍于兵段留鎮吉州以為南北
聲援為白遣即令斜卜洞權管高敬民率精兵二

百名馳赴咸興又令會寧府使李瑛率精兵四百
名結往北青為白有如予賊勢益熾不能防過李
瑛等兵退踰磨天嶺與北兵使合兵一千餘名軍
于吉州臨滇地接戰斬倭七級寓寧府使元喜戰
沒妖言流聞軍情益搖北地精銳之兵太半宵遁
聖朝賊兵未襲餘軍一時自潰兵使以下僅以身
免歇退守鏡城為白良置人心已散城內如掃不
得已李瑛段欲守會寧韓克誠段欲守鍾城次去
七日二十三日分會寧驛子李忠卿親軍衛金世
彥鄉史鞠景仁等唱首作亂 王子君兩分及上

4

洛府院君金貴榮長溪府院君黃廷彧前承旨黃
赫宣　傳官趙仁微南兵使李瑛會寧府使文夢
軒咸興判官李慇等乙捉給倭賊自會寧作變之
後鍾城以北人心皆為離叛至扵北道人亦提
穩城府使李銖兵使韓克誠等亦為本道人亦
給乙仍于其餘守令鎮將為其下亦圖不能自保
僅以身免匡置亦為土人所射幾死得免来在
鏡城海村亦白有如于鍾城府使鄭見龍前座首
徐遂時座首李供壽本府人安原權管姜文祐及
第朴銀柱前權管姜壽延幼學崔配天正兵姜壽

5

退穏城判官李訥慶源判官吳彥良訓戎僉使金
磁柔遠僉使李希良美錢僉使金範茂山萬戶李
蘭玉連萬戶安沃朱乙溫萬戶李希唐黃拓坡權
管戚以良吾村權貝混兵使軍官前監察吳命
壽咸義李應雲李貴瑞定虜衛孫鎌羽林衛李應
岭忠義李龜長訓錬奉事許大任內禁衛李彭
鷲保人洪大連鐘城府使軍官前萬戶崔慶元忠
義衛魚起瀛前司僕嚴俊億定虜衛鄭春氣別侍
衛李壽根保人鄭時龍保人李宗信保人郭俟鏡
城軍官前內禁衛李鉉穏城判官軍官定虜衛李

光辰李天龍業遠僉使軍官前內禁衛金大寬甲
士崔命玉申九鶴訓戎僉使軍官定虜衛鄭勵別
侍衛李長亨金興福高永琭朴従樺校生韓得朱
德男美僉使軍官別侍衛安德壽甲士方仁鵬
忠順衛張鵬甲士李贇黃柘坡權管軍官別侍衛
田興溉保人崔龍潭甲士李夢福京來避乱人成
均館權知學諭李成吉前直長申石潽生員申橋
幼學李精璁幼學申梣申格入居林迁彦幼學申
榴書吏崔彦鵬保人吳慶男吳應男等遠近來會
與臣共謀倡義今九日十六日入守鏡城倉穀城

池倭賊久留板蕩之餘徐逐李棋壽及官奴等收
其餘燼封閉修輯以侍匡等爲白有齊本日十八
日巳時量吉州留屯倭賊九十二名奄至城下有
一倭將意謂如前突入城門爲白去乙美錢僉使
金範所領官奴鞠生以鉤斫臂其父官奴世弼扶
執下馬仍爲生擒梟示軍中爲白遣其餘陵列立
城底爲白有去乙金範及朱乙溫萬戶李希唐多
數發射中賊中馬爲白良沙始爲還退爲白去乙
安原權管姜文祐倡首吾村權管具滉朱乙溫萬
戶李希唐等十五名自願額追擊與本土及第前萬

户金大振中路相逢并刀進至一息餘程合戰十
餘度多數射中倭賊載屍奔北流血殘道馬匹及
衣服雜物乙并為棄走姜文佑斬首二級回日暮
未得窮進為白有聲同斬馘割耳二級段由山路
觀察使道以己為上使為白有聲本府士兵前別
侍衛庾億壽八居甲士李杰玉等富初倭賊據城
時奮不顧身射後倭賊埋置為白有如可臣入城
後庾億壽段二級李杰玉一級正兵姜得璜一級
并其所奪環刀未納為白聲道內慶興慶源等地
滿胡興淩處藘首一時傳箭慶興府及昕管四堡

全敎隔掠民人殆盡爲白是沙餘良慶源府管阿
山乾元二堡及古阿山古乾元倉有信倉海倉穩
城德明倉德山倉海倉鍾城俛溪長豐里方山里
廘野倉造山里海倉會寧櫟山倉古卽巨里倉等
亦盡爲搶掠爲白有去等新集散卒以南圖吉州
之倭批捍充斥之胡極爲悶慮叱分不喻鏡城府亦
六鎮要衝之地距吉州二日之程距會寧亦二日
之程是白去等介於兩賊之間旣無徵發之處粮
無緒運之策加于閭廬爲白齊大異賊敎多少雖
不祚知爲白良置利城端川嶺東吉州四處留在

10

之敎各四千餘名是如爲白臥乎等用良攻守便

宜興諸將相議盡力措置晏料爲白乎㫆臣亦無

印信官以當此變亂之時白文封　啓似血符驗

乙仍于權用富寧府印信主爲惶恐爲白臥乎事

是良尔捨次以善　啓向敎是事萬曆二十年壬

辰九月二十日

誅叛賊會寧翔景仁明川末秀等狀　啓

臣興鍾城府使鄭見龍共謀集兵緣由己爲由水

路狀　啓爲白有在果風濤盜賊之間恐未得達

爲白乎去更良陳達爲白在果狀　啓未盡辭緣

及近日措置事段臣初與李聖仁及慶源府使吳
應台等入鏡城曉諭事軍民以爲共守之計爲白
良置民惑已甚百不一信叱分不喻京來士亦
無固志多歎南出乙仍于不得已各散或向山路
或向海道歎達官軍臣在海村歎爲乘每次適聞
道路傳言且渙等持廵察使關字北還之奇爲白
遣臣即通于鄭見龍謀與士人及諸鎮將入據鏡
城庭集城中軍民諭以國家中興回心討賊之義
帖召遠近五島以爲討叛滅倭之計爲白良置賊
勢方張人心疑懼非但應募無幾叱分不喻會寧

叛吏鞠景仁段受倭官稱判刑威制一府以寨六
鎮做兵之路滑通倭賊常為挾擊鏡城之計為白
遣明川寺奴末秀段稱大將用傳令輪絡繹締
結吉州之倭屠後土豪以遇義徒之興為白乎等
以鏡城守禦孤弱不振胡倭挾勢南北有叛僅僅
支保苑守是計為白有如乎本月初二日會寧鄉
吏牌里內本府居鄉吏鞠景仁亦本是頑惡之人
以平時用事之日多般作惡為白良置非大段事
是乎等用良置而不治為如乎炎節倭賊狂猻衣
冠顛倒京外遑遑本道乙山川險高道路隔遠是

去几十士大夫是沙餘良　王子君兩分及陪臣
領府事府院君承旨等欲避倭變妻入此城為有
去乙倭賊自富寧直入之奇乙上項鞠景仁亦聞
知為遣歌唱倭將使其徒立功於倭賊為于奧陰
令親軍衛金世彥驛子李忠卿官奴承水官奴京
伊又其矢所知雜類等率良尒同　王子兩分及
夫人與領府事府院君承旨等夫人教是等乙各
其所在處東來夜突入不意訊提結縛堅囚軍營為
遣其時府使判官以使不得下手威陳軍威府使
軍官前萬戶李涵內禁衛金德新判官軍官崔德

興及府助防將虞侯軍官張應鼇鄭仁信等及府
下人前日有嫌為在鄉吏貢億福官奴青龍等斬
首示威後倭賊到古豊山為有去乙同叛吏鞠景
仁亦王子扠捉拘留是如乎將處其矢而辱鄉
吏林岷以馳吉為手矢其本陵城中軍民並点避
亂入山乙仍于鄉昨等段置上無官員下魚軍民
是于等用良亦為八山為有如可倭賊入城後還
来為于亦中軍民等徐徐還来為良置向前叛吏
鞫景仁亦要名於倭將受判刑二字之名擅權於
城内遑一已嘯聚之計又主威權恣斬魚車軍民

15

十餘名使生存之民不得下手日增道路耳目是
乎等用良鄉郡校生軍民等雖有痛憤之志亦怯
扵積威莫敢下手爲有如乎次金世彦李忠卿承
水京伊漢福等段秉機斬首爲有乎矣同賊首翔
景仁未戚勢壹壹捸頚如麻秉機血陳是置有等
以上項金世彦等斬首乙集示列鎭不得爲有如
乎道関内義兵抄送事毎分付爲有乎矣上項
鞠景仁亦道関乙置之度外一不舉行爲去乙一
邑軍民憤其義兵不送咸眾一處大陳軍威向前
叛吏鞠景仁及同謀作亂爲如乎其矣妻甥內奴

朴林金林其美義子崔犇水是沙餘良金允福吳
福水奴彥後等一時相戰射後同日斬首爲乎矣
鞠景仁段處斬手足朴林等段斬首合七首乙品
官色吏等準授並只㕦送爲遣義兵段置来明日
抄送爲去果叛吏鞠景仁執捉時功勞人等乙秩
秩分等戌卅上道爲白卧手味牒呈是白有㐓背
後劃賊雖已就戮日前叛竪尚挾倭勢乙仍于先
定明川次圖吉州計料次明川品官及村民等相
衆數百分道掩襲爲白如乎叛賊據城多放火炮
烏合之衆旋即潰散是如爲白去乙臣遺吾村權

17

管具滉安原權管姜文佑各率精騎三十名匡突
軍官慶源前別監鄭應福鏡城覘軍衛金德龍及
鍾城府使鄭見龍軍官鏡城土及第朴銀桂廣孽
鄭時龍等自頹往討晝夜幷行比到明川則同宋
秀示自知勢窮身佩戎器擴山谷爲白有去乙
進至浚山鏡城土兵金德仁先得其疑本府善軍
士金千年執縛生擒幷捉其黨鏡城內奴論源明
川官奴文亨定配人張應豪等斬首集示軍中爲
白遣餘衆四散或投倭賊或竄山間時未盡捕爲
白有齊向前會寧所誅鞫景仁及明川末秀段頭

及手足並只盡送爲白遣自餘斬馘十三級叚山
路氷雪輸送甚難乙仍于不得己左耳割取小髀
害名上送爲白齊逢賊財産富籍沒而富錄
啓處置事是白于矣惟只府庫板格不勝惶恐散
民勸勵慰悅次以權用於軍中賣格不勝惶恐散
白于旅田民家舍陵從富　啓聞給付捕討人爲
于乙去計料爲白在果向前兩賊特一么麿小堅
良中討賊人參等錄功恐涉煩瑣爲于矣新集之
率若無聲動之擧則聊應甚難弦如冒瀆上　聞
爲白齊兩運投首之後南北始通穩哦以南鎭堡

19

徵兵稍稍來到唯只慶源軍時來到防禦白齊鎮
堡諸將等聞鏡喊守禦之奇或自北關南出或自
南程北運皆入鏡喊受匡節制為白在果防垣萬
戶韓仁濟潼関僉使星永建萬戶鄭禮國甫
老知權管梛大男高嶺僉使柳擎天寶化堡權管
李彥祥森森坡萬戶韓大防將軍坡萬戶吳大男
造山萬戶卯元怳魚游澗萬戶方佑周細川權管
朴禮範等次未會為平旅斜卜洞權管高敉民
叚持巡察使関宇自別害來到為白遣兵曹佐卽
徐渚定配人羅德明在外村曉喻村居軍丁為白

20

如子郞叚並只入城爲白有齊六鎭一經倭賊之
後軍器倉穀僅餘十分之一二爲白良置各自封
閉叱分是白遣馬匹盡帰倭賊乙仍于無有轉運
相通之勢爲白齊鏡城叚幸有長片箭各七百餘
部千人半年之粮爲白子等以衆軍千七百餘名
內他官軍叚官給散料本府人叚並只自備以食
爲白齊大緊前後使士人每三人吉州城中覘賊
虛實爲白手美賊徒萬餘分據公私廨城內別作
淺溝高壘晝夜候望巡更爲白手輕見厚爲
白子去百分詳量某条觀勢出奇先挫銳氣懸後

一舉盡殲爲白遣次及嶺東端川計料爲白卧乎

事是良旅詮次以吾　啓　向教是事萬曆二十年

壬辰十月十四日

　　誅叛賊鏡城鞠世弼狀啓

北道自倭冦之後南路阻絶不復知有　國家亂

民縛其守宰叛卒逐其鎭帥各自稱將以迎倭賊

爲白有如乎鏡城官奴鞠世弼亦以會寧叛吏鞠

景仁同姓三寸叔父通謀會寧之變因受倭賊體

伯之官與倭同處相爲表裡威制一府供奉倭奴

叱分不喻諸鎭將及京未士人避亂山谷者乙通

22

文六鎮捉致倭賊為乎旀倭退吉州之後臣及李
聖任等來入本府謀欲舉義次同世獜假倭威
黨與寔繁逞其反側之謀沮敗倡義之舉乙仍于
臣等孤主勢單不能顯幾各散南出圖赴官軍為
白如乎郎巡察使関字自別害來到李聖任等遇
於山路為白遣臣陵未在海汀得見道路傳書為
白齊品官徐遂李祺壽等為先嚮應謀與京來將
士及士兵數十人同入鏡城以為攻守之計為白
良置富此人心已感　王化不究之日南有明川
逆聖近挾倭勢北有會寧叛吏咸行六鎮世獜以

聲勢相倚之賊隱然為舟中之敵是白去等若非
權謀紿說先釋其反側之心為白在如中盤據老
賊不無逞手之虞乙仍于溫辭開諭曉以棄過滌
坮之意父子録功示以立功免罪之端一以定群
下疑懼之心一以絕會寧間之路為白有如乎
節會寧明川兩迆撥首軍勢稍振紀律漸張為白
有去等覆裁難容之賊恐有他日綱漏之患緣如
即於軍中處斬梟示画送頭級手足為白遺其子
翶生陵斬首割耳上送為白脅大堅紅亂以来民
無防禁或有連引倭賊發掠村家或有嘯聚山藪

白晝殺越者不知其數今聞團家再造典刑維新

為白遣人懷自疑頗有顧望之端此分不喻京來

得士及本土良民等嫉其既往之惡或發指所之

言為白于等乙以六鎮徵兵或有畏罪而不來者

至為可慮為白昆臣以幕下小官擅使為難為白

在果最只富事之臣以不得已權行萬滄之令除

其首惡捨其脅從以廣應募之路為白乎旅凡干

啓聞事段置當此路塞之時上達甚難陪持人等

乙慕其顧往者起送為白去于　思賞重事非自

下所敢擅請是白良置其矢徒等功勞段不敢不

達爲白臥乎事是良尔詮次以　善啓　向教是事

萬曆二十年壬辰十月日
　　吉州長坪破倭賊狀啓

自臣入據鏡城之後會寧明川南北有叛坐守孤

城未卽擧事爲白有如乎節兩運援首六鎭徵兵

稍〻来集爲白良沙去十月二十一日急關僉使

李應星乙用良留鎭將差定率軍七百餘名使守

鏡城爲白遣良率軍千餘名爲白遣進往明川縣爲白乎如

中吉州牧使鄭顯績輸城察訪崔東望幷爲来會

爲白齊倭賊千餘段據吉州城內三百餘段在吉

州南八十里嶺東地相爲往来聲勢相倚或十百
爲群樵採山谷或分兵四出殺掠村家姿意橫行
略不顧忌爲白睿臣與中衛将鍾峨府使鄭見龍
率鍾峨以此軍千餘留明川抄出精兵四百分二
運進屯古駥地設伏要路爲白遣左衛游高嶺僉
使柳拏天乙用良領吉州軍千餘屯海台叱伺摸
掠之賊爲白遣右衛将慶源府使吳應台段率吉
州兩里及西北堡土兵與本堡将擄堡抄出精兵
設伏洞口以新樵採之路臣従事官前引儀士及
第元忠怨段率精兵二百餘屯吉州北三十里阿

聞倉登山覘賊次同月三十日早朝倭賊可千餘
名張旗出城向海汀加坡里為白去乙同元忠恕
亦即即馳報各處伏兵將為白遣率其部下直要
歸路次倭賊焚蕩村舍劫掠財畜虜其婦女午後
回還為白去乙元忠恕與賊接戰斬其先導兩賊
倭賊北退為白去乙棄勢追擊遇倭賊大軍含其
步卒登山據險身率精銳捍後退保次古驍伏兵
将坊垣萬戸韓仁濟聞報即時率諸將士三百餘
騎馳徃二息程與元忠恕合擊倭賊相扵屢勝以
為誰何先驅師掠卜駄向吉州巨魁政承稱諕名

直正者監司補號名都関汝文者及節度使稱號
名不知將等五人率精勇軍四百餘名敢死突戰
多放鐵丸為白去乙左斤候將吾村權管具滉右
作候官安原權管姜文佑別將玉連萬户安沃臣
從事官造山萬户印元忱軍官慶源土及竿黃嗣
元鍾城府使軍官土及竿朴銀柱等各率而部一
時突陳而徒下卒無不鼓勇射矢如兩倭賊等皆
下為地闘為白如乎猝遇突騎自申初至日昏兩
軍出沒交兵力屈始為登山北走向為去乙適音
左衛伏兵將斜下洞權管高敬民亦率所部遮截

山上為白遣我軍精勇左右夾馳直上峻山進至
十餘里一賊皆上矢中十數發盡殲殺將帥五名
并為射斬中箭墜崖不知其數而擄人畜全數還
奪軍紫雜物并以復得為白聲斬剽左耳捌百貳
拾伍箇段監封上送馬段捌匹段各授而奪
人為白遣環刀段龍軍各自佩持時未盡推為白
有聲旗貳拾玖甲伍拾部冑槍拾陸柄銃筒
貳拾陸柄鐵匕陸百肆拾陸箇藥桶拾伍箇等物
段留上為白在果大緊血戰日昏未能一一斬截
為白良置中箭入城逃竄山谷以死者不知其數

為白唇城中餘賊厥數不多叱分不喻率皆殘弱
是如為白子等乙以来明日間一舉盡蕩計料為
白有旅人心叛散之餘始此破賊所當分等錄切
譽動軍情是白子矣事未畢定之前先錄小功以
聞朝廷事體未安乙仍于一一置簿事定後　啓
聞事叅料為白有在果惟只今去　啓本陪持人
鏡城儒生崔配天陵富初倡義時叱盡力周旋叱
分不喻節陵置自願赴戰斬馘一級為白有旅浦
港之間枣賊充斥公牲私未之際或被擄獲人不
樂行乙仍于自募能射良人李長春董義節校奴

億俊乙并為簽送為白卧手事是良尒詮次以

善啓向教是事萬曆二十年壬辰十一月初一日

吉州臨溟破倭賊及六鎮叛黨搜誅藩胡招

服狀 啓

前年十一月初一日成貼為白在吉州留倭接戰

斬馘辭緣書狀十二月初九日得達 行在所受

到付及備邊司 啓下成貼關五度今年正月初

九日費還本道為白有去乙相考為白子矣吉州

留賊一敗之後入據堅城縮頭不為出白去乙鍾

城府使鄭見龍慶源府使吳應台高嶺僉使柳㻶

天各率所部合兵三千餘再度圍城終日接戰為

白于矢倭賊四百餘名列立城頭抵死防備鉄丸

射矢投我俱傷勢難猝接乙仍于分兵設伏城外

數里許四五處晝夜候伺出則勤捕為白于旅三

衛將幷以移兵嶺東先減柵内之賊次及城中之

冠計料為白如于適音移兵之日嶺東倭賊四百

餘名出來臨溟村舍焚蕩擄掠之際左衛將柳擊

天定送為白在伏兵吉州土兵金國信為先接

戰為旅一邊以馳報大軍為白良在乙三衛一時

馳突其中六鎮精兵為先接刃倭賊敗奔三衛射

斬及城中賊出沒時捕斬合百餘級左耳盡封
軍功并以磨鍊狀　啟計料次都巡察使尸卓照
亦擅自狀　啟是如出公緘推考爲白手蔴巡察
使節制一一擧行不冬軍中機務趔不馳報北道
胡亂亦不這這馳報是如連四度推考叱分不喻
某条以傳聞爲白于喻兵皆吉州牧使鄭熙績召
募之兵功皆斜卜洞權管高敬民之功是去乙敗
軍將元忠恕亦恭錄功鄭熙績高敬民不以專功
上聞是如明川縣監張應梓乙用良評事失謀
軍機撗以捧侤音上使亦爲白卧手在亦臣以年

34

少迷芳白面書生不閑軍旅叱分不喻文報間曲
折寺不閑習為白如可一朝臨戎謀蒙重罪為白
于去仿徨問之際巡察使節制內評事自稱大
將素率徒李官至為駿怖是如遣臣大將之任會
寧府使鄭見龍乙用良改定大將関字前年十一
日二十一日成貼到付為白良在乙卽依巡察使
節制專以手下將士三千餘名鄭見龍處交付臣
叚退答推考為白如乎北兵使節制內評事亦巡
行六鎮鎮定人心薰鎮虜情示為白有去乙臣已
遣大將之任不敢不使乙仍于率軍官及麾下五

十餘人北行六鎭至慶源晩諭人民熏饋藩胡爲
白乎矣人心段當初倭賊長驅之時不復知有
國家軍民逐其將衛路怱行攘奪京來將士及
避亂士人等或被捉致倭賊或被赤脫衣裳爲白
有如可自入喊之後歷擧士人前日過惡使無䖏
容叱分不喻急於推得失物固致人心不安爲白
去乙臣以謂鎭定反側之初如此擧措甚非事宜
是如一切痛禁爲白如乎節段憑藉　王靈禁不
能抑反側之輩疑懼日深至於臣到會寧之日本
府人民恐爲叛賊連累太半逃走爲白有去乙臣

以權辭溫諭諭以已戢巨魁圖治賢徒之意爲白
良沙稍稍還集爲白乎祿鍾城穩哦人心段置茅
未會撚鎮定頗有持疑顧望之端此分不喻慶源
座首鄭士祺及其弟士鳳段當初倭賊入地之時
謀捉兵使以下欲爲迎降之計爲白如可匡入攪
鏡城之後八度徵兵拒迕不送爲白乎祿人心旁
愛鎮定防禦次以吉州赴戰爲白乎冨寧府使
金範段會寧官以入送會寧爲白遣潼關僉使
李應瑞柔遠僉使李希良訓戎僉使金磁穩城判
官李訥慶源判官吳彥良入送本鎮爲白乎矣人

心虜情太丰鎮定而鄭士俱耳东道內臣惠以多
植模罴奴使判官莫敢措手爲白去乙臣到本府
挺致士俱士鳳及其罴慶興士兵崔松于行唐
盖只斬首梟示爲白遣鍾喊通事安億壽叚自前
始叱使虜藩胡爲如白予節倭變之後
律爲白予去白入侵儌雜物无㖿不全爲白乎矣
眼前通事以胡人告新乙變詐誆傳爲白去乙臣
觀其氣色詭親列中樞下良介間答以我國言
語爲白予矣六鎮倭變之俊土兵侵虜釀成邊惠
大槩同然其中安億壽爲㫕是如爲白去乙即欸

斬徇懲一勵百爲白乎矣唯只下良介段置榮驚

難側之胡以来訴我人爲白去等諸胡亦見處輕

易行刑恐妨　團體爲白乎去即加枷杻移因冨

寧府以待巡察使處置爲白有齊虜情段會寧郎

管時魚叛狀鍾城陵外親內踈旀爲叵測爲白良

置亦無顯然做賊之事穩城陵當初倭變時始叱

接置我國散民一不擄掠叱分不喩判官還鎮聞

奇他胡所掠人物乙爲先刷還極爲可嘉爲白乎

等以臣到本府依他鎮側饋酒肉給盤斗外別引

有功胡人退床饋酒加給盤斗諭以倭賊盡平之

後賣職上京各別施行亦擧理開喻為白有齊慶
源叚頭頭首長十餘人間間進告伴示向國之狀
為白良置府境諸胡皆已叛國乙仍于卞去卞未
同心作賊判然無疑為白予矣臣北行時開喻聽
今次以來到為在首長學生並二百餘名叚自我
招未叱分不喻俊亦應招歸順為白有去等摘發
隱惡治罪不當乙仍于依前饋贈喻以賊胡自汝
等叱居處由人為在如中國家問罪之時恐有
俱焚之患守護進告等事各別盡心亦嚴辭開喻
為白有齊慶興叚西水羅一堡疊入造山散民土

兵咸德厚領率守城賊胡四度圍城不勝退去此
分不輸賊胡部落一處乙秉盧楚蕩為有卧乎
所孤軍越境不出將令如此擧措雖似束膚最貴
賊不失軍機為實可嘉乙仍于同咸德厚固為定
孤城大盜隔絶勢未能及期節制事良中金城斬
将會寧海倉運未一百石輸送本堡便為城守之
粮為白有齊慶興府及所管造山掩夷阿吾地慶
源而管乾元阿山堡段自初不守賊胡恣意楚蕩
往來不息回為賊路或自慶興海汀或自慶源地
境入來橫行作賊搶掠山谷人畜極為痛憤為白

良置六鎮精兵二百餘名至吉州赴戰加以倭寇
之餘馬群一空前日馳射之士今為無馬之軍此
分不喻軍器段置盡為倭人焚蕩至以長片箭束
作火炬為向于旅避亂人民等持弓箭者盡為倭
賊殺殺乙仍于民間軍器盡埋置腐敗為向于
等以撤城防禦徊惠不足涉遠追擊事勢極難乙
仍于村居人民全教知委疊入城內俾免擄掠之
患為向如于節段吉州倭勢已縮六鎮胡亂漸熾
不得已赴戰諸將中間☆入送各其鎮將抄率精
兵要路伏兵以絶橫行之路為向有旀大興北道

亦道里絶遠氷雪積塞之地距巡察使所在處十
餘日程是白去等軍中機務一日萬變一依郎制
施行爲白在如中恐非兵家制變之道乙仍于其
聞急務段段或有不報巡察使施行從後謀報爲白
如乎節段巡察使節制內大將遽陞捕亡將定體
磨天嶺及端川等地率軍官進駐捕提亡卒亦爲
白有在果臣以么麽小官未有寸功遽陞堂上
天恩罔極尤不知死所蹀血鋒刃有所不辭是白
在果唯只吉州嶺東末掃蕩前段我軍北地七卒
似無逃向南關之理乙仍于先可留住軍中爲白

43

有聲臣以去年十一月二十一日遞大將爲白在
如中十二月十四日備邊司移文內評事方行主
將之令是如爲白有臥乎所其間日數二十四日
之久是白去等巡察使請罪伏 啓時未達 行
在爲白有臥乎喻事涉可疑爲白乎矣祿會寧府使
鄭見龍段置爲大將未滿一月遞易以燻節度使
巡行六鎮爲白道更以慶源府使吳應台爲大將
臣段叱據北兵使節制任意北巡是如推考爲白
乎祿各鎮將如戊山萬戶李蘭等無慮敎十人各
率本鎮土兵來會討賊事乙巡察使處當初始叱

毒毒名錄縢報爲旀有关各堡鎭將乙幾畫遷易
或一鎭堡將疊差二三人使將不知本任卒不知
其將軍情掜溪士氣急惰未知其由至爲悶憫歟
報稟朝庭爲旀良置擅自狀啟是如復罪弦
如不敢以聞爲旀如子䶉前狀　啟囬送辭緣及
備邊司開宇五度不敢不答乙仍于自募軍功一
荨土及第車應轉乙用良依前由海路狀　啟爲
白卧于事是良尔詮次以　善啟向敎是事萬厝
二十一年癸巳正月十二日
　穩城鍾城行營三鎭伏　兵擊走賊胡及請徵

45

運六鎮精兵本道依他道設科狀　啓

前年十二月十三日巡察使節制據達大將後入以

北兵使節制巡行六鎮安集散民鎮定虜情次以

行到慶源還由鍾城境浮溪里爲白如乎同里亦

四通五達賊路要衝之地是白去乙穩城鍾城行

營三鎮軍各抄五十名同處伏兵要擊亦爲白有

如乎節穩城判官事訥牒呈內節該三鎮軍各五

十名依詳下節制么三處設伏爲白有如乎正月

初七日胡賊不知其數穩城軍伏兵處圍犯爲去

乙多數亂射中勝戰追擊上兵朴彥柱吳得愷各斬

一級胡馬具鞍二匹胡弓一張胡矢九箇八羅鞘
一部並以上道馬咏府通事都莫同段進箭身炮
是如爲白有去乙同馬匹段哛奪人還給弓矢雜
物段鏡城營上胡賊二級段監封上送爲白敎行
營及鍾城伏兵將馳報內同日賊胡百餘名伏兵
處来伐接戰兩軍同刀追擊多數射中賊胡擄去
爲白子男女幷三十三名馬一匹釜鼎各二等物
還奪爲祿前日段擄驛子朴世貞金億壽段胡賊
同心變服爲胡爲有如可賊胡不勝退兵時生擒
鍾城府因禁是如馳報爲白有齊上項伏兵將士

兵李雲老鍾城伏兵將討倭軍功一等土及第姜
彦壽行啓伏兵將討倭偶義時爲先響應功以
安陵恭奉空名告身良中塡差爲白有在辛衛等
登時進撃或斬胡馘或奪我人之功乙良　朝廷
以磨鍊施行爲白只爲　〇自臣達大將後會寧府
使鄭見龍乙用良代爲大將爲白有如可前年十
二月晦間鄭見龍差魚節度使巡行六鎭亦爲白
遣更以慶源府使吳應台改定大將爲白有如乎
使鄭見龍差吳應台改定大將爲白有如乎
今年正月十三日到付爲白在迎察使關內兵應
台大將迹改依前辭事以還定大將亦爲白卧乎

48

在亦本月初十日到付爲白在前大將吳應台牒
呈內爲節度使鄭見龍達將入北之時盡率六鎭
精兵百餘名入歸是如爲有臥子所節度使稱云
討後精兵乙自已所率是如任意率去不爲出送
爲白在如中富此日氣向暖倭勢漸張之時討賊之
事極爲可應爲白昆臣段置通關徵兵爲良音可
爲白在果朝廷以各別授事目依數徵兵事防
禦使補將爲白在鄭見龍處下送爲白乎去望良
白子旅節叱聞爲白乎矣八道南道至亦已爲科
舉是如爲白去等獨此北道未得赴舉以乖聲動

之本意為白良置巡察使不為　啓請處置事良
中公慶小官　啓請為難為白齊道人偶義首人
鏡城居前訓導李鵬壽座首徐逐李祺壽鏡城定
配蒙宥前都事羅德明富寧座目金銓等極力奔
走曉諭愚頑到今舉事實頼其功前日論賞之時
舉業儒生內禁衛差下似為寃悶不敢不聞為白
平旅鏡城判官段置宋安遷差下是如為白乎夫
某廢宙在為白有卧乎喩近未赴任本府亦都會
大虞以討賊諸且太平辦出為白去等留鎮假將
前監察吳命壽叱分以策應齟齬為白昆同宋安

廷乙催促赴任教是去乃 朝廷以別樣處置爲

白乎去望良卧乎事是良尔詮次以 善啓向教

是乎萬曆二十一年癸巳正月十六日 啓<small>疑作一</small>保圖下

瑞川破倭賊緣由及請軍器崔東望李成吉

從事官差定狀 啓

前年十二月分臣北行六鎮今年正月十三日囬

還吉州次以在鏡城朱村道中得巡察使関宇以

且運定大將爲白有去乙進到吉州城外十餘里

許右衛將韓仁濟軍中饒勇將士本月十八日進

到本州多信里饒勇左衛將柳擎天中衛將吳應

台所率將士因爲留駐本處欸爲吉峨嶺東兩處
相機策應爲白如乎瑞川郡守姜燦親到軍中言
内瑞川留賊恣意橫行爲良置兵皆步卒憚先
潰下手不得分軍馳射末態㕦說道爲白齊吉州
段置兩處分兵與賊相持移兵他道勢似非便乙
仍于自前諸將論議不一未果出兵爲白有如乎
節思量爲白乎矢吉州兩賊勢挫縮頭爲白有去
等坐休强兵不討一國一道之賊事理乖當爲白
乎去卽抄精兵二百騎分四隊一隊將具浣二隊
將朴根柱三隊將印元悌四隊將高敬民歧如定

体谷率五十名同月二十日多信里離發由山路
二十二日到端川翌朝四隊藏兵於城外二十里
許使端川軍三十名進次城外五里許挑戰為白
辛矣城中窗賊狃於屢勝略不顧忌二百餘名一
時出城直追端軍為白去乙佯敗還走之際疲馬
之卒為賊所發賊又乘勝遠進直至伏處為白去
乙四隊伏兵一時突出或遠其前或截其腰或斫
其後射矢如雨為白子矢倭賊猝遇突騎倉皇失
措多放鐵筒為白良置皆為虛放不中奔走無暇
莫敢相抗追至城底幾盡射斬僅餘三十餘名簡

簡中箭入城為白齊大縣發賊之數小不下百餘
名是白良置北軍騎兵專以騎射末得一一斬馘
轉戰二十餘里瑞川步卒従後拾得耳級是如為
白良置未知厥教幾何是白在果四隊而斬隄一
隊五耳二十一二隊十三四隊十五四隊十一合
六十一簡監圵上送為白齊本月十九日吉州城
外伏兵將元忠恕馳報内倭賊百餘名南門外一
里許出屯有一倭將抉兩倭駄率馬向南出來至
二里許率馬二倭乙洛後隱置單騎至三里許為
有去乙同元忠恕亦親率精騎十餘名潜伏伺候

爲白有如可一時高聲突出賊將蒼黃不能制馬
因馬墜落爲白去乙元忠怒射中鐘城甲士申守
斬頭步倭一名中箭顚仆爲白有去乙門外諸倭
扶曳入城斬頭不得同賊將左耳剖取亦爲監封
上送爲白乎矣所首錦衣三件環刀一柄錦甲
鞍馬段接戰有功人論賞分給爲白有敨吉州牧
使鄭熙績牒呈內州民私奴思卽金斬納一級伏
兵軍寺奴尹熙亦斬一級又元忠怒馳報內富寧
定虜衛串德弘斬一級合四耳亦爲上送都合六
十五級是白叱兺此些少破賊事良中一幷錄功

啓
聞為白在果爵賞有限倭耳無窮　朝廷施
報有所難處為白乎去私自妄料乙仍于前日加
夫臨溟兩處戰功乙皆不錄　啓為白有去乎臣
遠大將之後會寧府使鄭見龍代將時巡察使關
據盖只分等巡察使處牒報是如為白去等今此
端川戰功不為　上聞為白在如中非徒乘有前
覡士卒缺望一已淺見擅自沮抑亦為未安乙仍
于依例錄功報聞為白脅所奪物件亦為錄
啓為白良置富此軍需板蕩之時軍賞用下次以
上送不得極為惶恐其中倭銃筒段前日備邊司

開搗破伴二十箇已為上送為白有如乎節制拿
二十箇進于上送為白㿝本道軍器蕩盡措備急
急魚勝弓絃箭帽最闕為白乎矢辨出無路極
為悶慮　朝廷以措置下送為白乎去乭良白乎
乘錯弦如翰峨察訪崔東望軍資直長兼咸向權
祿許多軍馬戎務似煩速乃下吏專掌文書多
知學諭李成吉方在軍中為白乎等以從事宜稱
號帶率文書次知亦計料為白良置㽵以么麼幕
下之官不少同列文官乙仕為㽵佐事甚乖當不
敢擅使為白乎矣祢書狀隠持人段鏡城定配人鎮

撫金貴謙富初倡義時自募從軍接戰鋒刃叅錄
軍功爲白卧乎事是良尒詮次以　善啓向教是
事萬曆二十一年癸巳正月二十七日

與倭賊大軍戰白塔郊及倭賊退走狀　啓
端川倭賊勤捕次以分四隊定將起送爲白有如
于訓鍊正具滉等達夜奔馳正月二十七日還到
吉州吉內南道倭賊千餘名已越磨天嶺是如爲
白去乙臣即領三衛兵七駐吉州臨溟地抄發精
騎六百伏兵待候爲白有如于同倭賊嶺東留倭
合册二十八日早朝始叱逋滿臨溟野中入向吉

58

州爲白去乙伏兵將訓鍊正具混僉正朴銀桂僉
便姜文佑判官印元忱高敬民定虜衛金國信各
率所部尾擊接戰三衛陵遷截腰進退接戰自
辰初至酉時進至六十餘里訓鍊判官元忠恕陵
吉州城外二十里許伏兵爲白有如可來爲白突出
擾戰射矢鐵九彼我俱發爲白子等以未得短兵
相接只以輕騎馳逐地廣則挾擊地窄則尾擊徒
事官學諭李成吉給傳令迫至賊陣使之督戰與
賊相距十數步終日馳射流血滿道中箭死者不
知其數爲白良置倭賊載屍而去乙仍于未得一

一斬馘為白脊大榮本道軍民為倭賊積威所刦
猝過大賊多懷自沮不敢交鋒快戰乙仍于使賊
入城極為痛憤為白乎旀同日端川郡守簡通內
倭賊二十餘名又到利城是如為有去等先來之
賊與嶺東吉州相合少不下二萬餘名又有利城
二千結至為白在如中賊謀難測不無淺入肆毒
之患弦如三衛相會約束中衛左衛叚擄明川石
衛叚守西北堡吉州牧使叚除出左衛不精軍移
替多信倉穀于海島匡叚率麾下百餘名入向鏡
城欲為鎮定城守之計為白如于中衛石衛所率

軍段各隨衛將來到陣所左衛軍段皆是吉州軍
是白乎等以托稱興牧使起義兵盡入海島乙仍
于左衛將亦僅率仵候及左部并百餘名入向眼
川為白卧乎在亦經年赴戰已為官軍為白有如
可一遇大賊謀避城守便生避亂之計民心如此
柩為寒心為白齊倭賊等血戰入城收取炮者積
置官廳燒其屍身翌日盡燒城內公私廨秉夜潛
逝為白去乙右衛將虜候韓仁濟領軍馳到即入
城內滅火為白乎矣城中留穀太半金在為白齊
三衛將一時追擊到嶺東為白乎矣倭賊等盡夜

奔走不暇炊飯南向出歸爲白于等以進不及擊
爲白脅賊退之後郉當急急進擊勿論晝夜遠近
尾到賊到處爲白良音可爲白于矣惟只精兵等
徃束端川倍日幷行之際不得秣馬盡日苦戰人
極馬疲不能運步又此進擊日行百五十里爲白
有去等磨天大嶺末由踰越此分不踰端川以南
段倭賊自前恣意橫行間家穀草焚蕩一空軍血
依持之處馬無喂飼之草不爲預備輕自越去爲
白有如可軍行大事倅末進退坐見饑乏絡如端
川卽守處移文劃粮準備與否探聽爲白于旅一

邊以北尚船輸運糧草選精兵南向計料為白

在果惟只倭賊急於南走至於鐵嶺為白在如中

北道軍馬糧草辦出無路事良中勢難窮進未知

何如為白乎旅臣在北道時段北兵使時未到界

乙仍于權行主將之事為白如乎節北兵使在南

道為白有去等幕下之官擅率道內軍馬事體甚

乘為白乎等以所率軍馬乙移屬兵計料為白

齊二十八日戰亡人段朱乙溫萬戶李希唐極力死

闘日暮時中鐵丸身厄鏡城居前訓導李鵬壽自

初倡義時盡誠奔走出入賊中窺覘虛實忘身徇

國爲白有如可節僉顧先登中鐵丸身死其餘士
率死者二十五名是白遣倭賊段斬馘九級監封
上送爲白乎矣孫奪馬十五匹爲白有聲中箭載屍
入城官廳燒屍段血廳百餘名是白良置割耳上
送不得爲白卧乎事是良尔詮次以善　啓白教
是事萬曆二十一年癸巳二月初二日

　倭賊退走後將士軍功磨鍊狀　啓

正月二十八日南道倭賊與嶺東合勢入向吉州
之際自臨溟野至吉州城底終日接戰血教射殺
力戰將士亦爲富軍功磨鍊爻等爲啓　聞事是白在

果惟只未能快戰大捷使賊入喊致有夜遁終始
聊斬只有九級餘皆載屍火燒爲旀有去等斬馘
几級叱分以論功上報實爲末安乙仍于旀斬人
叱分旀等除良列書慶鎌臣段伏鑽待罪爲旀乎
餘萬一叱賊不分晝夜直向南路爲旀在如中端
川以南段一路人家全數焚蕩軍馬露宿是白乎
乙去爲旀在果蒭糧準備極難次次措置爲旀良
沙始爲旀行軍事是白去等出送境內之賊安坐不
進桓爲庸憤肝膽如裂爲旀脅本道經年爲盜賊
之窟男丁迮戰老弱轉輸將有自斃之患是白良

置軍民皆知不可與賊俱生乙仍于儒生等至亦
徵發隅無求當初始此自募赴戰至於三功爲白
有去等 朝廷事目內自募人等論功有差亦爲
白乎等以自募各人等以其名下論功上
白乎等自子孫土及第安原權管姜文佑自初倡義
送爲白乎子孫土及第安原權管姜文佑有大功爲
首功此分不喻累次赴戰極力先登輒有大功爲
白有如乎節前年十一月初七日 下批建功將
軍臭後僉使差送十二月初八日又差彰信校尉
訓鍊判官降資受爲白有臥乎所知其田敢此
報東極爲惶恐爲白齊狀 啓陪持人院主簿崔

配天嵩初倡義及軍功賞職以再次自顧陪持呲

分不喻節南倭入未時段置終日力戰至為可嘉

乙仍于係頭再送為句有卧手事是良尔詮次以

善啓向教是事萬曆二十一年癸巳二月初三

日　巡營牒報

兵馬評事為相考事本月十七日到付端川倭賊

斬馘啓　聞辭緣牒報為白目面送內評事亦十壹

月十九日見敗之後欵為北巡則順受兵使節制

而獻馘之時兵使乙未到界是如乍而黜之使不

得興聞扵其間為誅正月二十八日之後敗則非
大將節制是喻亦為水路狀　啓為喻相考馳報
為誅以一國之軍討一國之賊為在如中端川討
有水路端川师復之馘乙端川郡守亦可狀　啓
賊之兵實非評事私物之見處者是去等端川亦
是去乙全數拿去以為己叨為有卧乎所殊非不
伐君子之所為是齊韓伯謙討捕將定體差帖乙
置息速收取為先上使為齊各社成冊段置備
良司關字乙膽送己久為有昆急速施行為誅啓責
邊送倭馬之說乙非偶然是昆更良相考吉州师復

68

倭馬各名之下某馬段某々人許給某馬段某僂
道上使是如一一懸録斯速牒報向事爲等如良
置回送是置有亦相考爲乎矣十一月十九日段
評事在明川中衛將鄭見龍左衛將柳擊天右衛
將吳應台分三衛發送嶺東館倉圍抱拔桐亦爲
辛矢軍卒等狚花累勝輕進逵尤仍致死傷此分
是遣別無敗走之事爲旅假説以敗党罪爲良置
一名將鄭見龍爲先受罪事是旅獻馘狀　啓
事段八道起兵削髮僧人至亦爲直　啓別無
朝連禁斬事良中拜事耳亦直　啓獻馘仍陷

厄罪爲乎乙師知不得爲旀正月二十八日段置
依南關例視光致送爲在如中不傷一卒是乎事
是去乙詳事段妄意接戰乙仍于彼此俱傷別無
敗軍之事乙仍于來爲昧死狀啓有爲旀端川
部賊勒捕時段置端川人實爲先登斬馘爲在如
中不冬靖來北軍事是旀各人乙斬乙仍各持敢
乙仍于端川郡守處耳級乙進排不得爲旀各音人
郡斬以爲己功事段呪癰舐痔者之旀不忍是去
等詳事雖無狀白日之下不敢爲此事爲旀韓伯
謙村捕將差帖段非但目所不見實爲耳亦不聞

70

乙仍于上使不得為旀各社成冊段伴伴催促各
官時未牒報為有旀倭馬前奪敎段無應敎百是
良置隱匿不現一一搜覓不得置簿為在百餘匹
內或以軍初永給所奪人叱分是遣徐佐卽傳言
段自前始叱知不得是如己為牒報為有齊大緊
宗社為催 乘興蒙塵為臣子者少有功利之心
不以討賊為急為在如中雖免人禍乃有天殃乙
仍于一心討賊外世情人事間曲抗乙有不暇顧
直行不疑為如乎節為人所揣終隋重律使諼奸
之萋菲笑於暗壁之間為乎乙可至為閪慮為旀

진사장계

辰巳狀啓

《농포집》 필사본 권1, 1750, 국립중앙도서관 소장
(청구기호: 古3648-70-69-1)

여기서부터 영인본을 인쇄한 부분입니다. 이 부분부터 보시기 바랍니다.

역주자 신해진(申海鎭)

경북 의성 출생
고려대학교 국어국문학과 및 동대학원 석·박사과정 졸업(문학박사)
전남대학교 제23회 용봉학술상(2019) ; 제25회·제26회 용봉학술특별상(2021·2022)
현재 전남대학교 인문대학 국어국문학과 교수

저역서　『약포 정탁 피난행록』(상, 하)(보고사, 2022), 『중호 윤탁연 북관일기』(상, 하)(보고사, 2022)
　　　　『취사 이여빈 용사록』(보고사, 2022), 『양건당 황대중 임진창의격왜일기』(보고사, 2022)
　　　　『양건당 황대중 임진창의격왜일기』(보고사, 2022)
　　　　『농아당 박홍장 병신동사록』(보고사, 2022), 『청허재 손엽 용사일기』(보고사, 2022)
　　　　『추포 황신 일본왕환일기』(보고사, 2022), 『청강 조수성 병자거의일기』(보고사, 2021)
　　　　『만휴 황귀성 난중기사』(보고사, 2021), 『월파 류팽로 임진창의일기』(보고사, 2021)
　　　　『검간 임진일기』(보고사, 2021), 『검간 임진일기 자료집성』(보고사, 2021)
　　　　『가휴 진사일기』(보고사, 2021), 『성재 용사실기』(보고사, 2021)
　　　　『지헌 임진일록』(보고사, 2021), 『양대박 창의 종군일기』(보고사, 2021)
　　　　『선양정 진사일기』(보고사, 2020), 『북천일록』(보고사, 2020),
　　　　『괘일록』(보고사, 2020), 『토역일기』(보고사, 2020)
　　　　『후금 요양성 정탐서』(보고사, 2020), 『북행일기』(보고사, 2020)
　　　　『심행일기』(보고사, 2020), 『요해단충록 (1)~(8)』(보고사, 2019, 2020)
　　　　『무요부초건주이추왕고소략』(역락, 2018), 『건주기정도기』(보고사, 2017)
　　　　이외 다수의 저역서와 논문

농포 정문부 진사장계
農圃 鄭文孚 辰巳狀啓

2022년 12월 30일 초판 1쇄 펴냄

원저자 정문부
역주자 신해진
펴낸이 김흥국
펴낸곳 도서출판 보고사

책임편집 이경민
표지디자인 김규범

등록 1990년 12월 13일 제6-0429호
주소 경기도 파주시 회동길 337-15 보고사 2층
전화 031-955-9797(대표)
02-922-5120~1(편집), 02-922-2246(영업)
팩스 02-922-6990
메일 kanapub3@naver.com/bogosabooks@naver.com
http://www.bogosabooks.co.kr

ISBN 979-11-6587-440-7 93910
ⓒ 신해진, 2022

정가 14,000원